KB204007

목사를 고르는 법

믿음이란 한 알의 밀알이 땅에 떨어져 죽음으로 많은 열매를 맺음과 같이
진리의 열매를 위하여 스스로 죽는 것을 뜻합니다. 눈으로 볼 수는 없으나
영원히 살아 있는 진리와 목숨을 맞바꾸는 자들을 우리는 믿는 이라고 부릅니다.
「믿음의 글들」은 평생, 혹은 가장 귀한 순간에 진리를 위하여 죽거나 죽기를 결단하는
참 믿는 이들의, 참 믿는 이들을 위한, 참 믿음의 글들입니다.

목사를 고르는 법

당신의 목사는 진짜 목사입니까?

윤한석 지음

홍성사

저는 목사입니다.

이때까지 살면서, 목사가 제일 좋습니다. 목사라는 직업은 가장 귀하고, 매력적이며, 제일 가치 있는 일입니다. 그래서 매일 목사로 산다는 것이 저를 흥분시키고, 행복을 누리게 합니다.

그러나 저는 지금 슬프고도 슬픕니다. 마음이 깨어질 듯이 아픕니다. 많은 목사들의 모습을 보며 너무나도 마음이 안 좋습니다. 하나님이 보고 계시는데도 불구하고 목사들이 대수롭지 않게 거짓말을 합니다. 사기도 칩니다. 거룩한 강대상에서 욕을 합니다. 성도들끼리 서로 미워하게 만들고, 그 과정에서 자기의 세력을 공고히 합니다. 돈을 모으는 데 혈안이 되어 있고, 권력을 얻기 위해서 세상의 온갖 수단과 방법을 다 동원합니다. 성적 순결을 지키지 못하고 가장 초보적인 감정에 이끌려 마치 날뛰는 망아지처럼 달려갑니다. 이 일을 어떻게 해야 할까요?

이런 모습을 저만 보고 있는 것은 아닙니다. 세상 사람들도 다 보고 있습니다. 그리고 무섭게, 또 정확하게 비판하고 있습니다. 그리스도의 거룩한 피로 산 교회를 세상이 손가락질하고 있습니다. 사랑하는 아버지 하나님을 비웃고 있습니다. 여러분은 어떠십니까? 여러분 눈에는 이런 모습들이 보이십니까? 만약 보이신다면, 하나님이 우리에게 특별히 볼 수 있는 눈을 주신 것입니다. 그래서 우리는 사명감을 가지고 행동해야 합니다.

저는 여러분의 판단을 돕기 위해서 목사를 열심히 '까기'로 결심했습니다. 참으로 마음이 아프지만 가짜 목사들에 대해서 정확히 비판할 작정입니다. 더 이상 가짜 목사들이 하나님을 농락하지 못하게 하고, 거룩한 교회를 기만하지 못하도록 최선을 다할 생각입니다. 그 과정을 통해 여러분은 성경이 제시하는 진짜 목사와 가짜 목사의 분명한 기준들을 가질 수 있을 것입니다. 그 성경적 기준들을 가지고 여러분은 진짜 목사를 선택할 수 있기를 바랍니다.

예수님도 이 땅에 오셔서 거짓 선지자들에 대해서 피를 토하며 비판하셨습니다. 당시의 종교 지도자들 대부분이 가짜라고 역설(力說)하셨습니다. 그들을 따라가면 천국에 갈 수 없는 것은 물론이고, 그들은 천국에 잘 가고 있는 사람들까지 천국에 못 가도록 방해한다고 경고하셨습니다. 다행히도 당시 상당수의 사람들은 예수님의 말씀을 듣고 따랐습니다. 그래서 이 시대 우리에게도 온전한 복음이 전해질 수 있었습니다.

500년 전에도 똑같은 일이 일어났습니다. 16세기에 루터와 칼뱅도 기존 종교 지도자들을 비판했습니다. 그래서 엄청난 저항에 부딪혔습니다. 그들의 목숨까지 위태롭게 되었습니다.

하나님은 21세기에도 다시 한 번 개혁이 일어나기를 바라십니다.

참목사들이 일어나기를 바라십니다. 교회가 다시 오직 하나님만 바라볼 수 있기를 바라십니다. 진짜 목사들이 성도들에 의해서 선택될 때, 바로 그때부터 엄청난 지각변동이 일어날 것입니다. 목사들이 재편되고 교회의 모든 것들이 재편될 것입니다. 하나님의 교회가 새롭게 일어나고 역동적인 교회의 사역들이 펼쳐질 것입니다.

이미 우리 사회는 이 역동성을 맞이할 준비가 되어 있습니다. 우리는 인터넷 시대에 살고 있습니다. 과거 활자 시대가 종교개혁을 만들어 내었듯이 모바일 시대가 더 크고 더 활발한 종교개혁을 불러올 것입니다. 그러나 여러분이 없이는 어떤 일도 일어날 수 없습니다. 하나님은 사람과 함께 일하시기 때문입니다. 이 책을 통하여 목사에 대한 정확한 판단 기준을 세우고, 여러분의 목사를 선택하십시오. 그러면 두 번째 종교개혁이 시작될 것입니다.

동시에 이 책은 저를 위한 책입니다. 매순간 타락하지 않는 목사가 되기 위한 몸부림입니다. 성도 여러분, 저를 평가해 주십시오. 그리고 하나님의 선한 목사로 일평생 살아갈 수 있도록 기도해 주십시오. 그러면 저와 여러분이 함께 하나님의 부흥의 잔치에 참여할 수 있을 것입니다.

2019년 2월
두 번째 종교개혁을 바라보며

윤 한 씩

차례

3부 선택과 책임

1

진짜 목사
VS
가짜 목사

거짓 선지자를 따르면 안 돼?

세상에는 수많은 목사들이 있습니다. 온갖 종류의 목사들이 있겠지요. 그 많은 목사들 중에는 진짜 좋은 목사도 있을 것이고, 나쁜 가짜 목사도 있을 것입니다. 그런데 만약 나쁜 가짜 목사들 중 하나가 여러분 교회의 목사로 있다면 어떤 일이 일어날까요? 그게 교인인 나에게 직접적인 영향을 미칠까요?

다음에 나오는 예수님의 말씀을 들어보시면 이 일이 생각보다 아주 심각한 문제라는 것을 알 수 있습니다.

예수님은 마태복음 7장 15-27절에서 분명히 말씀하십니다. 교인들이 진짜 목사를 고른 경우와 가짜 목사를 고른 경우가 판이하게 다른 결과를 가져 온다고 말씀하시고 있습니다. 그 결과는 영생을 얻을 수 있느냐 없느냐의 문제라고 단언하십니다. 그럼 예수님이 어떻게 말씀하시고 있는지 살펴봅시다.

거짓 선지자들을 삼가라 양의 옷을 입고 너희에게 나아오나 속에는 노략질하는 이리라

그들의 열매로 그들을 알지니 가시나무에서 포도를, 또는 엉겅퀴에서 무화과를 따겠느냐

이와 같이 좋은 나무마다 아름다운 열매를 맺고 못된 나무가 나쁜 열매를 맺나니

좋은 나무가 나쁜 열매를 맺을 수 없고 못된 나무가 아름다운 열매를 맺을 수 없느니라

아름다운 열매를 맺지 아니하는 나무마다 찍혀 불에 던져지느니라

이러므로 그들의 열매로 그들을 알리라

나더러 주여 주여 하는 자마다 다 천국에 들어갈 것이 아니요 다만 하늘에 계신 내 아버지의 뜻대로 행하는 자라야 들어가리라

그 날에 많은 사람이 나더러 이르되 주여 주여 우리가 주의 이름으로 선지자 노릇하며 주의 이름으로 귀신을 쫓아 내며 주의 이름으로 많은 권능을 행하지 아니하였나이까 하리니

그 때에 내가 저희에게 밝히 말하되 내가 너희를 도무지 알지 못하니 불법을 행하는 자들아 내게서 떠나가라 하리라

그러므로 누구든지 나의 이 말을 듣고 행하는 자는 그 집을 반석 위에 지은 지혜로운 사람 같으리니

비가 내리고 창수가 나고 바람이 불어 그 집에 부딪치되 무너지지 아니하나니 이는 주추를 반석 위에 놓은 까닭이요

나의 이 말을 듣고 행하지 아니하는 자는 그 집을 모래 위에 지은 어리석은 사람 같으리니

비가 내리고 창수가 나고 바람이 불어 그 집에 부딪치매 무너져 그 무너짐이 심하니라

잘 읽어 보셨습니까? 우리의 영생이 달린 문제입니다. 몇 번이고 다시 읽으셔서 꼭 답을 찾으시기를 바랍니다.

예수님은 명령문으로 이 문제의 심각성을 알리고 계십니다. "거짓 선지자들을 조심하라." 예수님은 마태복음 7장 15절에서 자신의 간절한 소망을 담아 "거짓 선지자들을 삼가라"라고 선포하시면서 포문을 여십니다. 그럼 왜 거짓 선지자를 조심하라는 걸까요? 그 결과가 아주 심각하기 때문입니다.

예수님은 두 그룹의 사람들을 말씀하셨습니다. 그들은 '천국에 들어갈 수 있는 자들'과 '예수님으로부터 떠나가야 하는 자들'이었습니다. 천국에 들어갈 수 있는 자들은 21절에서 나오듯이 '하나님의 뜻대로 행하는 자들'입니다. 다음으로 예수님으로부터 떠나가야 하는 자들은 26절에 나오는 '예수님의 말을 듣고도 행하지 않는 자들'입니다.

문제는 이들의 종말이 아주 다르다는 것이죠. 첫 번째 그룹에게는 영생이라는 선물이 주어집니다. 하지만 두 번째 그룹은 영생을 소유하지 못하고 결국 망하게 됩니다. 아주 극명히 차이가 있습니다.

그런데 여기서 우리가 주목해야 할 또 다른 큰 문제가 발생합니다. 그 문제는 두 번째 그룹 안에 있습니다. 이 그룹에 포함되는

사람이 도대체 누구냐 하는 것입니다. 쉽게 보면 거짓 선지자들입니다. 그런데 과연 '예수님의 말을 듣고도 행하지 않는 자들'이 이들뿐일까요? 여기에는 거짓 선지자들의 말을 듣고 따랐던 모든 사람들이 포함됩니다. 사실 당연합니다. 예수님을 반대하며 선봉에 섰던 리더들만 지옥에 가면 좋은데, 거기서 끝나지 않습니다. 예수님은 거짓 선지자들과 함께 그 리더들을 따랐던 모든 사람들까지 모래 위에 집을 지은 어리석은 사람들이라고 분명히 말씀하고 있습니다. 그들 모두가 지옥에 갈 수밖에 없습니다. 그래서 예수님은 처음부터 강한 어조로 "거짓 선지자를 삼가라"고 외치셨던 것입니다. 피를 토하는 심정으로 "너희도 같이 망한다. 정말 그 길을 따를 거야? 너희가 판단해야 한다"고 심각하게 외치셨습니다.

물론 거짓 선지자를 따르는 문제를 미시적으로 들어가 살펴보면 아주 복잡해질 수 있습니다. 왜냐하면 개인의 신앙 수준과 연결된 문제이기 때문입니다. 각자의 신앙은 천차만별입니다. 그래서 복잡할 수 있습니다.

또한 이 일은 최종적으로 하나님이 판단하실 일입니다. 그래서 인간이 섣불리 판단할 수 없을 것처럼 보입니다. 그러나 예수님이 7장 16절에서 말씀하셨듯이 거짓 선지자들에게는 분명한 열매가 맺힙니다. 비전문가들이 보아도 '저것은 나쁜 열매야'라고 판단할 수 있는 나쁜 열매를 맺는다는 것이죠. 또 예수님은 복음서를 통하여 거짓 선지자들에 대한 명확한 기준들을 제시하셨습니다. 그 기준들은 복잡하지 않습니다. 아주 높은 수준의 신앙을 가지고 있지 않아도 판단할 수 있는 기준들입니다. 그래서 우리는 일정한 시간을 두고 예수님의 기준들을 통하여 목사들을 관찰하면 됩니다. 그러면 충분히 판단할 수 있습니다. 아마 생각보다 쉽게, 그리고 빨리 거짓 목사와 진짜 목사를 판단할 수 있을 것입니다.

그러므로 성도들은 자신의 목사들을 관찰하는 일을 게을리 해서는 안 됩니다. 정말 영생을 얻고자 하는 자들이라면 힘을 들여서 진짜 목사와 가짜 목사를 구별해야 합니다. 그러면 우리는 우리의 마지막 때에 치명적인 결과를 맞이하지 않고 하나님과 함께 천국에서 영생을 누릴 수 있을 것입니다.

이제 우리는 보다 정확한 판단을 하기 위해서 자세히 가짜 목사와 진짜 목사를 구별하는 노하우를 배워 봅시다.

진짜 목사보다
가짜 목사가 월등히 많다

    논의를 발전시키기 전에 몇 가지 짚고 넘어가고자 합니다. 진짜 목사라 여기며 선택한 목사에게서도 불완전한 모습이 보인다면 어떻해야 할까요? 성도들은 그 목사가 온전해질 때까지 지켜주고 기도하며 바라봐 주어야 합니다. 하지만 시간이 지나도 그에게서 열매 맺힌 모습을 발견하기 어렵다면 깊이 생각해 보아야 합니다. 좋은 목사인 것 같은데 참된 목사인지는 잘 모르겠다거나, 가짜 목사는 아닌 것 같은데 그렇다고 참된 목사도 아닌 것 같다면, 역시나 깊이 고민해야 합니다. 분명한 것은 참된 목사에게서는 예수님의 모습이 보이고 또한 예수님의 모습을 닮아가려고 애쓰는 모습이 보여야 한다는 점입니다.

    이분법적 잣대를 가지고서 가짜와 진짜를 쉽게, 섣불리 판단하는 잘못을 범할 수 있다는 것을 우리는 늘 경계해야 합니다. 하지만 비록 우리가 죄인이며 불완전한 존재일지언정, 판단하고 평가할 수 있다는 점을 기억해야 합니다. 나는 축구를 잘하지 못하지만 뛰어난 축구선수를 구별할 수 있는 것과 같습니다. 판단과 정죄는 다른 것입니다. 판단한다고 해서 무턱대고 정죄해서는 안 됩니다. 판단이 정죄로 이어져서는 안 됩니다.

앞서 우리는 가짜 목사의 영향력이 치명적일 수 있다는 것을 알게 되었습니다. 이제 우리는 또 하나의 중요한 질문을 던져야 합니다. 이 세상에 가짜 목사는 얼마나 있을까요? 혹시 진짜 목사들보다 가짜 목사가 훨씬 더 많다면 어떤 문제가 발생하게 될까요? 우리는 이 질문의 답을 찾을 수 있어야 합니다.

심리학에, '3'의 법칙이라는 것이 있습니다. 이것은 군중심리를 묘사할 때 주로 사용하는 법칙입니다. 예를 들어 보겠습니다.

횡단보도에 신호등이 있습니다. 신호등에 빨간불이 들어와 있습니다. 건너면 안 되죠. 하지만 누군가 한 사람이 건넜습니다. 그때 사람들의 반응은 어떨까요? 사람들은 건너간 그 사람을 욕하며 그냥 서 있습니다.(착한 사람들은 욕 안 하고 그냥 서 있습니다.) 조금 있다가 또 한 명이 빨간불에 건넙니다. 그래도 사람들은 움직이지 않습니다.

하지만 세 사람이 한꺼번에 움직이면 상황은 달라집니다. 세 사람이 연이어 빨간불에 횡단보도를 건너가면, 사람들은 동요하기 시작합니다. 자신들도 모르게 빨간불인데도 그냥 지나갑니다. 이것이 정말 무서운 '3'의 법칙이라는 것입니다.

저도 실제로 이것을 경험한 적이 있습니다. 홍대 쪽, 어느 횡단보도에서 신호를 기다리고 있었습니다. 그런데 좀처럼 파란불로 바뀌지 않았습니다. 신호가 바뀌는 데 상당한 시간이 걸렸습니다. 한참 기다리고 있는데, 세 사람이 빨간불인데도 동시에 건너기 시작했습니다. 그랬더니 그때까지 잘 기다리고 있던 많은 사람들이 그 세 사람들의 뒤를 따라 빨간불에 횡단보도를 건넜습니다. 저와 아내만 가만히 서서 그들이 건너는 것을 지켜보고 있었습니다. 그때 우리는 '아~ 이것이 3의 법칙이구나' 생각했습니다.

그런데 만약 400명의 목사가 똑같은 말로 거짓 설교를 한다면 어떻게 될까요? "성도 여러분, 그건 괜찮습니다. 그건 성경에서 괜찮다고 하는 겁니다." 어떤 성도가 400명의 목사에게 가서 물었는데 다 괜찮다고 하는 겁니다. 그럴 때 여러분은 성경이 말하는 것을 정확하게 알아낼 수 있으시겠습니까? 그리고 만약 그 400명의 목사들이 거짓말을 했다면 그것을 파악해 낼 수 있겠습니까?

성경에도 이런 장면이 나옵니다. 열왕기상 22장으로 가보겠습니다. 여기에는 북이스라엘 아합 왕과 남유다 여호사밧 왕의 대화가 나옵니다.

> 여호사밧이 또 이스라엘의 왕에게 이르되 청하건대 먼저 여호와의 말씀이 어떠하신지 물어 보소서
> 이스라엘의 왕이 이에 선지자 사백 명쯤 모으고 그들에게 이르되 내가 길르앗 라못에 가서 싸우랴 말랴 그들이 이르되 올라가소서 주께서 그 성읍을 왕의 손에 넘기시리이다 (왕상 22:5-6)

이 사건은 북이스라엘의 왕인 아합이 남유다의 왕 여호사밧과 연대를 맺으면서 시작됩니다. 아합의 제안으로 여호사밧도 아람에게 빼앗겼던 '길르앗 라못'을 되찾아 오고자 했습니다.

믿음이 비교적 좋았던 여호사밧은 먼저 하나님의 뜻을 알고 싶었습니다. 그래서 아합은 선지자 400명을 모았습니다. 그리고 그들의 의견을 들었습니다. 그랬더니 그들은 모두 "하나님께서 전쟁을 원하신다"고 말했습니다. 구약의 전쟁은 모두 하나님께 속한 것이므로 선지자들이 그렇게 말했으면 전쟁은 이긴 것이나 다름없습니다.

그런데 여호사밧은 이상하다고 소문난 선지자 한 명에게 더 물어 보고 싶었습니다. 미가야라는 선지자였습니다. 미가야는 이 전쟁에 대해서 뭐라고 말했을까요?

이 전쟁에 하나님이 함께하시지 않는다고 말했습니다. 그래서 아람과 싸우지 말라고 말했습니다. 그런데 문제는 이 한 명, 미가야 선지자만 정말로 하나님의 음성을 들을 수 있는 선지자였다는 것입니다. 400명이 '예스'라고 할 때, 미가야 한 명만 '노'라고 한 것입니다. 자, 이제 골치 아프죠. 다 괜찮다고 했으면 좋은데, 한 명이 안 된다고 하니 어떻게 해야겠습니까? 여러분이라면, 누구의 말을 들었겠습니까?

자, 혼자 반대 의견을 낸 미가야 선지자는 어떻게 되었겠습니까? 미가야 선지자는 뺨을 맞았습니다. 그리고 감옥에 갇혔고, 힘든 노동을 해야 겨우 먹을 것을 얻을 수 있었습니다. 극심한 벌을 받았습니다. 아합 왕에게 좋은 말을 하지 않았으니 당연한 일이죠.

권력의 입맛에 좋은 말을 해야 하는데, 미가야 선지자는 미련하기 짝이 없습니다. 진짜 하나님의 말씀을 전했습니다.

한국에도 이런 일들이 있었습니다. 일제강점기 때, 신사참배를 강요받았습니다. 다수의 목사들은 일왕에게 인사하는 것은 우상숭배가 아니라고 말했습니다. 그러고는 그들이 직접 나서서 신사에 참배를 했습니다. 그때 신사참배를 거부하던 목사들은 아주 소수였습니다. 그리고 그들은 처참하게 죽임을 당하거나 옥고를 치러야 했습니다. 마치 하나님이 그들을 보호해 주시지 않는 것처럼 보였습니다. 미가야 선지자처럼요. 이런 경우 여러분은 누구를 따르겠습니까? 정말 많은 사람들이 이쪽이라고 하는데, 저쪽이라고 외치는 사람은 너무나 적은데, 그때 여러분은 누구를 택하시겠습니까?

다수의 의견은 무서운 힘을 가지고 있습니다. 다수의 의견을 거슬러 정확한 판단을 한다는 것은 정말 어려운 일입니다.

그럼 진짜 선지자의 말을 따르지 않은 아합은 어떻게 되었을까요? 다수의 의견을 따랐던 아합의 결말은 어떻게 되었을까요?

사실 아합은 미가야가 진짜 선지자라는 것을 알고 있었던 것 같습니다. 그래서 전쟁에서 패할 수도 있다고 생각했던 것 같습니다. 그래서 아합은 변장을 하고 전쟁에 나섰습니다. 만약 전쟁에서 패할 경우, 자신이 왕이라는 것을 적들이 알면 맨 먼저 자신을 죽일 것이라고 예상했던 것 같습니다. 그래서 변장을 하고 전쟁에 참여했습니다. 아합은 참 꼼꼼하죠. 이렇게 철저하게 준비하고 전쟁에 나간 아합 왕은 어떻게 되었을까요?

> 한 사람이 무심코 활을 당겨 이스라엘 왕의 갑옷 솔기를 맞힌지라 왕
> 이 그 병거 모는 자에게 이르되 내가 부상하였으니 네 손을 돌려 내
> 가 전쟁터에서 나가게 하라 하였으나
> 이 날에 전쟁이 맹렬하였으므로 왕이 병거 가운데에 붙들려 서서 아
> 람 사람을 막다가 저녁에 이르러 죽었는데 상처의 피가 흘러 병거 바
> 닥에 고였더라 (왕상 22:34-35)

어떤 사람이 "무심코" 활을 쏘았습니다. 그런데 우연히(?) 아
합 왕을 맞추었습니다. 전쟁은 아주 치열했습니다. 그래서 아합은
몇 사람들만 아는 가운데 쓸쓸히 죽고 말았습니다. 변장을 했으니
자기 군사들도 아합이 왕인 줄도 몰랐습니다. 하나님의 말씀을 따
르지 않은 결과는 처참했습니다.

여러분, 400명의 목사가 괜찮다고 하고, 한 명의 목사만이 그
렇게 살면 안 된다고 말을 한다면, 여러분은 어떤 길을 따라가실
것입니까? 세 명만 같은 행동을 해도 모든 사람이 그 길을 따라가
는데, 400명이 일제히 움직일 때, 여러분은 그 자리에 가만히 서
있을 자신이 있으십니까?

이 같은 일은 여호사밧과 아합의 시대에만 있었던 일이 아닙
니다. 노아 때도 그랬고, 엘리야 선지자 시대에도 그랬고, 아모스
선지자 시대에도 그랬습니다. 말라기 선지자 때는 상상을 초월했
습니다. 제사장들은 하나님 알기를 우습게 여겼습니다. 예수님 때

도 마찬가지였고요.

바울이 활동하던 주후 1세기와 종교개혁 시대인 16세기 마틴 루터와 장 칼뱅 시대에는 어땠을 것 같습니까? 지금 21세기 요한계시록의 시대에는 진짜 목사들이 많을 것 같습니까? 아니면 가짜 목사들이 월등히 많을 것 같습니까?

아합 시대와 같이 권력에 아부하는 목사들, 돈을 사랑하는 목사들, 교인의 눈치를 보는 목사들, 사랑이 없는 목사들, 간음하는 목사들, 하나님의 말씀을 전하는 것이 아니라 자신의 생각과 이론을 전하는 목사들, 이런 목사들이 아직도 정말 소수라고 생각하십니까?

여러분이 쉽게 만날 수 있는 목사들을 잘 살펴보십시오. 그들은 진짜 목사가 맞습니까? 확신하실 수 있습니까? 쉽지 않을 수 있습니다. 예나 지금이나 진짜 목사는 아주 소수입니다. 그래서 진짜 목사를 만나기가 아주 어렵습니다. 하지만 진짜 목사를 따라가지 않으면, 진짜 목사의 말을 듣지 않으면 영적인 죽음을 맞이할 수밖에 없습니다. 천국으로 연결되지 않은 길을 갈 확률이 아주 높습니다. 여러분, 다수의 힘은 무섭습니다. 여러분이 직접 하나님의 뜻을 알지 못한다면 분명 다수를 따라가고 말 것입니다.

가짜 목사를 골라야 하는 사람은
비전문가들이다?!

예수님께서 대놓고 비난하신 무리들이 있었습니다. 그들을 보고 회칠한 무덤이라고 욕하셨습니다. 그들은 바로 바리새인들이었습니다.

그렇다면 그들의 겉모습은 어땠을까요? 놀랍게도 그들의 모습은 젠틀맨이었습니다.

요즘 표현으로 바꾸면, 좋은 대학을 나오고 외국에서 유학하고 우아한 단어를 사용하며 아름다운 옷을 입은 멋진 사람들입니다. 이렇게 아름다운 사람들이 바리새인들이었습니다.

화 있을진저 외식하는 서기관들과 바리새인들이여 회칠한 무덤 같으니 겉으로는 아름답게 보이나 그 안에는 죽은 사람의 뼈와 모든 더러운 것이 가득하도다

이와 같이 너희도 겉으로는 사람에게 옳게 보이되 안으로는 외식과

불법이 가득하도다 (마 23:27-28)

지금 교인들은 바리새인이라고 하면, 굉장히 부정적인 이미지를 가지고 있을 것입니다. 하지만 예수님은 그들을 겉으로는 아름답다고 표현하셨습니다. 그들은 멋진 슈트(suit)를 입은 목사들이었습니다. 기도도 규칙적으로 하고, 율법을 철저히 지키며, 금식도 서슴없이 하는 멋진(?) 목회자였습니다. 겉모습만 봐서는 아주 보기에 좋은 사람들이었습니다. 그러나 예수님은 그들의 중심을 보셨죠. 그리고 그들을 "불법"하는 자들이라고 말씀하셨습니다. 앞에서 말했듯이 '불법'을 행하는 자들은 거짓 선지자들입니다. 문제는 이 가짜들이 그때도 그랬고 지금도 수많은 교인들을 실제로 리드하고 있다는 것입니다. 큰 문제이고 아주 안타까운 일입니다.

> 화 있을진저 외식하는 서기관들과 바리새인들이여 너희는 천국 문을 사람들 앞에서 닫고 너희도 들어가지 않고 들어가려 하는 자도 들어가지 못하게 하는도다 (마 23:13)

바리새인들은 불법하는 자들이기에 하나님의 율법이나 율법의 정신에는 관심이 없습니다. 그래서 그들은 하나님으로부터 버림을 받고 지옥에 갈 것입니다.

하지만 그들을 따랐던 구도자들은 어떡합니까? 그들 가운데는 믿음이 어린 구도자들도 있는데, 그들 눈에는 바리새인들이 멋있어 보이기까지 한단 말입니다. 이들이 어떤 말을 해도 다 맞는 말처럼 들린단 말이죠. 어떡합니까? 결국 그들은 바리새인들에게 홀립니다. 결과는 참혹하죠. 믿음이 어려서 그랬는데, 아직 분별할 수 없어서 그랬는데도 결과는 똑같은 겁니다. 바리새인뿐 아니라, 그들에게 홀렸던 사람들도 천국에 갈 수 없게 되는 것이죠. 이 얼마나 안타까운 일입니까!

그러면 도무지 비전문가는 그들을 구별할 수 있는 방법이 없는 것일까요? 운에 맡겨야만 하는 것일까요?

이는 그 가르치시는 것이 권위 있는 자와 같고 그들의 서기관들과 같지 아니함일러라 (마 7:29)

그렇지 않습니다. 비전문가들도 관심을 가진다면 구별해 낼 수 있습니다. 예수님은 이미 성경에서 분명한 힌트를 주셨습니다.

진짜는 확실히 다릅니다. 그 다름을 일반인도 느낄 수 있을 정도로 차이를 나타냅니다. 그래서 성도들은 목사들을 서로 비교해 보고, 대조해 보아야 합니다. 많은 가짜들이 '목사는 자기 교회 목사가 최고'라고 합니다. 그렇게 가르쳐 왔습니다. 그리고 자기 말을 듣지 않는 사람들은 이단 취급까지 했습니다. 그래야 자기의 자리를 보존할 수 있으니까요. 그러나 성도들은 차분히 여러 목사들을 비교하고 대조해 보아야 합니다. 그러면 분명한 차이점들이 반드시 드러나게 되어 있습니다.

진짜는 기존의 가짜 목사들의 가르침과 다르게 가르칩니다.

왜냐하면 진짜 목사는 하나님의 진리를 전하기 때문입니다. 가짜들은 바리새인들과 같이 자신들에게 편리한 대로 율법을 설명합니다. 그래야 자신들이 편하게 살 수 있기 때문입니다. 그래서 원래 하나님의 뜻을 왜곡할 수밖에 없는 것이죠.

그러나 진짜 목사는 다릅니다. 하나님의 진리와 율법의 본뜻을 그대로 가르칩니다. 그래서 놀랍습니다. 진짜 목사들이 소수이기 때문에 차이점이 두드러질 수밖에 없습니다. 진짜이신 예수님이 가르치셨을 때 사람들은 곧장 알 수 있었습니다. 그의 가르침이 확연히 달랐기 때문입니다. 기존 종교 지도자들과 확실한 차이를 드러냈습니다. 믿음이 어린 자들도 쉽게 알 수 있었습니다. 정확히 무엇이 어떻게 다른지는 알 수 없었다 할지라도, 다르다는 것은 확실히 느낄 수 있었습니다. 문제는 관심이고 열정입니다. 자신의 영적인 생명을 위하여 관심을 갖고 설교를 들으면, 진짜를 구별해 낼 수 있습니다.

다르다는 것을 느꼈다면, 비전문가들은 성경과 그 목사들의 말을 비교하고 대조하는 작업을 시작해야 합니다. 사실 답은 성경에 다 들어 있습니다. 혼자서 하기 힘들다면 집단지성을 이용하면 됩니다. 같이 모여 목사의 설교와 삶을 분석해 보십시오. 그 일을 시작한다면 진짜와 가짜를 구별해 낼 수 있는 첫걸음을 내디딘 것입니다.

진짜 목사를 고르는 것이
정말 어려운 일인가?

여러분이 기타를 산다고 생각해 보세요. 어떤 기타를 사시겠습니까? 소리가 좋은 기타를 사시겠죠. 그리고 연주하기 좋은 기타를 살 겁니다.

그럼 소리가 좋다는 것은 어떻게 알 수 있을까요? 여러 기타의 소리를 들어 보았어야 합니다. 그러다 보면 기타 소리 중에서 좋은 소리라는 소리가 들리기 시작합니다. 전문가의 귀가 아니더라도 "그 소리 참 좋다" 하는 정도의 소리를 잡아 낼 수 있습니다.

다음은 연주하기 좋은 기타입니다. 이것도 마찬가지입니다. 전문적 기타 연주가가 아니라도 알 수 있습니다. 기타 몇 대만 쳐 보면 연주하기 좋은 기타를 알 수 있습니다. 이 과정도 전혀 어렵지 않습니다. 문제는 진짜 좋은 기타를 사고 싶은 마음이 있는가 하는 것이겠죠. 좋은 기타를 찾고 싶은 기본적인 열정만 있으면 충분히 알 수 있는 지식 수준입니다. 이러한 두 가지 지식만 가지고 있더라도 연주할 수도 없는 엉망인 기타를 사는 경우는 거의 없을 것입니다.

진짜 목사를 고르는 일도 마찬가지입니다. 전문가 수준의 판별력을 가질 필요는 없습니다. 일정한 수준의 지식만 있으면 됩니다. 성경은 이미 좋은 목사에 대한 많은 양의 정보를 제공하고 있습니다. 그 많은 정보 중에서 단 몇 가지만 가지고 있더라도 좋은 목사에 대한 개념 정도는 충분히 잡을 수 있습니다. 그리고 그 개념만으로도 충분히 진짜 목사와 가짜 목사를 구별해 낼 수 있을 것입니다. 그렇다면 이제 좋은 목사를 구별할 수 있는 수준이 어느 정도면 되는지 알아보겠습니다.

> 예수께서 이 말씀을 마치시매 무리들이 그 가르치심에 놀라니
> 이는 그 가르치시는 것이 권위 있는 자와 같고 그들의 서기관들과 같
> 지 아니함일러라 (마 7:28-29)

예수님의 말씀이 마쳤을 때, 사람들은 예수님의 말씀이 여느 종교 지도자들과는 차이가 있다는 것을 느꼈습니다. 정확한 차이를 바로 알 수는 없었다 해도 확실히 다르다는 것은 알아챌 수 있었습니다. 무슨 말입니까? 그들 속에 이미 진짜 목사에 대한 개념이 잡혀 있었던 것입니다.

> 심령이 가난한 자는 복이 있나니 천국이 그들의 것임이요
> 애통하는 자는 복이 있나니 그들이 위로를 받을 것임이요 (마 5:3-4)

그렇다면 진짜 목사에 대한 개념은 어떻게 자리 잡힐 수 있었을까요?

성경의 정확한 내용을 알고 있었기 때문입니다. 유대인들은 이미 구약을 잘 알고 있었습니다. 마음을 다해서 성경을 외웠건 부모님이 시켜서 억지로 외웠건 그들은 성경을 다 알고 있었습니다. 구약이 말하는 기본적인 복에 대한 내용을 가지고 있었습니다. 그래서 예수님이 복에 대해 이야기하자 바로 그 차이점을 알 수 있었습니다. 일반적으로 알고 있던 복과는 완전히 다른 개념이었으니까요. 예수님은 단순히 세상에서 잘 되고 힘 있는 사람이 되는 것이 하나님의 복이 아니라는 것을 말씀하셨습니다. 기존의 복에 대해서 설명하는 것과는 완전히 달랐습니다. 예수님은 정말 복이 있는 사람은 천국을 소유한 사람이라고 말씀하셨습니다. 복의 개념을 이생에서 내세까지 확장시키셨습니다. 이 땅에서 애곡할지라도 하나님의 위로를 받을 수 있는 사람이라면, 진짜 복 받은 사람이라고 역설하셨습니다. 너무 다르지 않습니까? 그들 속에 있던 기존의 성경 지식이 예수님과 여느 종교 지도자들의 차이점을 발견할 수 있게 했습니다.

> 또 눈은 눈으로, 이는 이로 갚으라 하였다는 것을 너희가 들었으나 나는 너희에게 이르노니 악한 자를 대적하지 말라 누구든지 네 오른편 뺨을 치거든 왼편도 돌려 대며 (마 5:38-39)

예수님은 법 적용에 대한 기존 개념도 완전히 뒤흔들어 놓았습니다. 기존 법 적용은 등가원리(等價原理)였습니다. 눈에는 눈에 해당하는 것만큼, 이에는 이에 해당하는 것만큼 적용하는 것이 일반적이었습니다. 그러나 예수님은 율법의 세부적인 적용에 초점을 맞추지 않았습니다. 오히려 하나님이 원래 율법을 주신 정신에 집중하셨습니다. 그러니 전혀 다를 수밖에요. 물론 사람들은 그것을 쉽게 파악할 수 있었습니다. 차이점을 찾아낼 수 있었죠. 아마도 그들이 성경을 정확히 알고 있지 못했다면 그 일은 불가능했을 것입니다.

이것은 우리에게도 똑같이 적용됩니다. 만약 우리 속에 정확한 성경 내용을 가지고 있다면 우리는 진짜와 가짜의 차이점을 충분히 알 수 있습니다. 또 정확히 구분해 낼 것입니다.

화 있을진저 외식하는 서기관들과 바리새인들이여 너희가 박하와 회향과 근채의 십일조는 드리되 율법의 더 중한 바 정의와 긍휼과 믿음은 버렸도다 그러나 이것도 행하고 저것도 버리지 말아야 할지니라

마태복음 23장 23절에서 예수님은 가짜의 특징을 자세히 설명하십니다. 가짜들은 겉모양에 최선을 다한다는 것이죠. "박하와 회향과 근채"는 아주 사소한 것을 뜻합니다. 표면적으로만 보면 이렇게 사소한 것까지 일일이 다 생각해서, 그것들의 십 분의 일을 하나님께 바치는 것이 아주 훌륭하게 보일 수 있습니다. 노력이 대단하지 않습니까? 그러나 예수님은 그들의 행동에 아주 중요한 것이 빠졌다고 지적하십니다. 그 일에는 아주 중요한 "정의"와 "긍

휼"과 "믿음"이 빠져 있다는 것입니다. 진짜 중요한 알맹이가 없습니다. 껍데기밖에 없죠. 박하와 회향과 근채의 십일조를 내는 것은 아주 작은 것이지만 확실히 눈에 보입니다. 하지만 정의와 긍휼과 믿음은 남의 눈에 잘 보이지 않습니다. 계측(計測)하기가 참 어려운 것이죠. 그래서 가짜들은 그런 것들에는 별로 신경 쓰지 않습니다. 남들이 알아주지 않잖아요. 가짜들은 남이 쉽게 알아주는 일에만 집중합니다. 눈에 보이지 않는 것에는 목숨을 걸지 않습니다. 그것이 혹 하나님이 진정으로 원하시는 것이라 해도 말입니다. 예수님은 이것을 지적하고 계신 것입니다.

그런데 재미있게도 성경은 하나님은 눈에 보이지 않는 분이라고 소개하고 있습니다. 그리고 하나님은 눈에 보이지 않는 것에 아주 큰 관심을 가지고 있다고 말씀합니다. 그래서 보이지 않는 중에 하나님을 성실히 섬기는 것이 얼마나 중요한지에 대해서 계속 말씀하시고 있습니다. 결국 이것은 중심의 문제입니다. 하나님은 아무도 알아봐 주지 않는, 눈에 보이지 않는 가치에 집중하는 그들을 사랑하십니다. 그들의 중심을 온전히 받으십니다. 하나님은 은밀한 중에 하는 모든 것을 보시는 분이니까요. 진짜 목사들은 눈에 보이지 않는 정의와 긍휼과 믿음에 자신들의 모든 것을 바칠 것입니다.

여호와께서 사무엘에게 이르시되 그의 용모와 키를 보지 말라 내가 이미 그를 버렸노라 내가 보는 것은 사람과 같지 아니하니 사람은 외모를 보거니와 나 여호와는 중심을 보느니라 하시더라 (삼상 16:7)

그럼 눈에 보이지 않는 가치들을 실천하려는 목사들을 우리가 눈으로 확인하기란 정말 어려운 일일까요?

당연히 눈으로 확인할 수 있습니다. 물론 여기에는 일정한 시간이 필요합니다. 일정한 시간이 지나면, '정의'의 열매가 맺힙니다.

"우리 목사님, 정말 정의로우시구나."

"우리 목사님은 달라. 나 이번에 놀랐어."

눈으로 볼 수 있을 만큼 분명히 나타납니다. 또한 눈에 보이지 않았던 진짜 목사의 노력도 어느 순간 누구나 볼 수 있게 열매로 나타날 것입니다. 무성하게 나타날 것이고, 시절을 따라 꾸준히 열매를 맺을 것입니다.

그래서 성도들은 시간을 두고 자신들의 목사를 관찰하기만 하면 됩니다. 여러분 속에 기본적인 성경 지식을 넣어 두고, 목사를 관찰하다 보면 금방 볼 수 없었던 열매들까지도 눈으로 확인할 수 있을 때가 반드시 옵니다. 정의로운 분이라면 반드시 정의로운 일의 열매가 맺힐 것이고, 긍휼이 있는 분이라면 그 긍휼의 많은 일들이 사람들 속에서 드러나게 될 것입니다. 참믿음을 가진 분이라면 절체절명의 순간에 진짜 믿음이 발휘되는 것을 볼 수 있을 것입니다.

성도들은 생각보다 쉽고 빠르게 진짜 목사와 가짜 목사를 구별해 낼 수 있습니다. 아주 디테일한 부분을 구별하는 데는 상당한 수준과 시간이 필요하겠지만, 자신이 천국 가는 길을 인도해 줄 수 있는 진짜 목사인지 아닌지를 구별해 내는 일은 그리 어렵지 않을 것입니다.

진짜 목사에게서
나타나야 하는 것들

　　이 부분에 대해서는 사실 2부에서 자세히 다루어야 합니다. 하지만 자세한 내용을 다루기 전에 진짜 목사의 모습이 무엇인지에 대해서 큰 그림을 그려 놓을 필요가 있습니다. 또한 진짜 목사의 열매가 구체적으로 나타난다는 것을 미리 알고 있어야 합니다.

　　우리는 앞 장에서 진짜 목사를 알아내는 일이 그렇게 어렵지 않다는 것을 알게 되었습니다. 그리고 진짜 목사는 열매로 자신의 진짜 모습을 보인다는 것도 알 수 있었습니다. 그렇다면 진짜 목사가 그의 삶에서 나타내는 것은 무엇일까요?

　　예수께서 이르시되 네 마음을 다하고 목숨을 다하고 뜻을 다하여 주
　　너의 하나님을 사랑하라 하셨으니
　　이것이 크고 첫째 되는 계명이요
　　둘째도 그와 같으니 네 이웃을 네 자신 같이 사랑하라 하셨으니

이 두 계명이 온 율법과 선지자의 강령이니라 (마 22:37-40)

    진짜 목사가 나타내는 모습은 사랑입니다. 그것도 아주 열정적인 사랑이지요. 하나님과 사람에 대한 열정적인 사랑이 반드시 열매로 나타나야 합니다.

    우리가 너무나도 잘 알고 있듯이, 이 계명은 하나님께서 명령하신 가장 기초가 되는 말씀입니다. 이 말씀은 선지자들의 강령입니다. 여기서 '강령'이라는 헬라어는 '크레만타이'라는 단어입니다. '크레만타이'는 기본적으로 어디에 '매여 있다'는 뜻입니다. 또한 '~에 의존적이다'라는 뜻도 있습니다. 그것이 없이는 살 수 없다는 의미입니다. 그러니 진짜 목사는 이 말씀에 매달려 있어야 합니다. 그는 이 말씀에 너무나도 의존적인 사람이어야 합니다.

    그렇다면 관찰해 볼 수 있습니다. 목사가 하나님을 사랑하는 데 매여 있는지, 마음을 다해 하나님을 사랑하려는 거룩한 강박이 있는지 살펴보아야 합니다. 만약 어떤 사람이 목숨을 걸고 하는 일이 있으면, 그것은 반드시 보이게 되어 있습니다. 그렇지 않겠습니까? 진짜 목사가 하나님을 사랑하는 일에 매여 있다면, 그 일에 자신의 목숨을 걸고 뜻을 다할 겁니다. 그와 조금만 같이 지내보면 금방 알 수 있습니다.

    이웃 사랑은 어떻습니까? 하나님을 진심으로 사랑하듯이, 마음을 다해 이웃을 사랑하는데 그 사랑이 정말 보이지 않겠습니까? 숨기면 어디까지 숨길 수 있겠습니까? 진짜 목사는 오른손이 하는 것을 왼손이 모르게 했다 해도, 하나님은 그 사랑이 드러나도록 하실 것입니다. 하나님은 그의 아름다운 중심을 받았기 때문에, 기묘한 방법으로 만천하가 진짜 목사의 사랑을 알게 하실 것입니다.

진짜 목사는 하나님이 열망하는 것을 열망합니다. 모든 것을 바쳐 하나님의 뜻을 이루려고 합니다. 그러면 성도들은 자신들에게 쏟아지는 진짜 목사의 사랑을 볼 수 있습니다. 그래서 성도들은 그 사랑의 열매를 보고 '아, 이분이 진짜 목사구나' 혹은 '이 사람은 가짜구나' 판단할 수 있을 것입니다.

또 하나 중요한 원칙이 있습니다.

> 그런즉 너희는 먼저 그의 나라와 그의 의를 구하라 그리하면 이 모든 것을 너희에게 더하시리라
>
> 그러므로 내일 일을 위하여 염려하지 말라 내일 일은 내일이 염려할 것이요 한 날의 괴로움은 그 날로 족하니라 (마 6:33-34)

저는 이 부분을 기도의 경우로 제한해 보고 싶습니다. 여러분의 목사가 기도할 때 그 모습은 어떻습니까? 진짜 목사의 기도 내용은 온통 하나님의 나라와 의에 관한 것일 것입니다. 왜냐하면 그의 삶의 이유가 하나님의 나라와 하나님의 의를 구하는 것밖에 없기 때문입니다. 만약 그가 먹을 것을 위해 기도한다 해도, 그것은 결국 하나님의 나라를 위한 것입니다. 만약 그가 목숨을 위해 기도한다면, 그것은 하나님의 나라와 의를 위한 것이지, 혼자 잘 살려고 기도하지는 않을 것입니다. 왜냐하면 모든 것이 하나님의 나라를 위한 것이기 때문입니다.

그렇다면 그 목사의 기도가 말뿐인지, 아니면 정말 그렇게 생각하는지는 어떻게 알 수 있을까요?

목사의 기도 후 삶의 모습을 보면 알 수 있습니다. 기도 후 진짜 목사는 평안합니다. 걱정하지 않습니다. 왜냐하면 살아도 하나님을 위해, 죽어도 하나님을 위한 것이기 때문에 걱정하지 않습니다. 안달하지 않습니다. 오직 주의 뜻이 이루어지기를 평안한 마음으로 바랄 뿐입니다. 혹 자신의 뜻대로 기도 응답이 되지 않았다고 해도 그의 평안이 깨지지 않습니다. 오히려 하나님의 뜻대로 되었다고 생각하여 더 기뻐할 것입니다. 물론 그가 기뻐하는 수준을 정확히 알려면 여러분도 그 목사와 같은 수준이 되어야 합니다.

하지만 일반적으로 그가 평안한지, 평안하지 않은지를 판단하는 일은 어렵지 않을 것입니다. 금방 알 수 있습니다. 일반적으로 사람의 마음은 하루에도 열두 번씩 바뀐다고 합니다. 그런데 진짜 목사는 쉽게 흔들리지 않을 겁니다. 목사의 평안을 알아채는 데 얼마 걸리지 않을 것입니다.

진짜 목사는 반드시 진짜를 증명하는 열매를 맺게 됩니다. 일정한 수준의 성도들이라면 누구나 그 열매를 볼 수 있습니다. 어려운 일만은 아닌데 만약 여러분이 그냥 귀찮아서, 게을러서 여러분의 목사를 관찰하지 않는다면, 그 태만에 대한 대가는 아주 크고 무시무시할 것입니다. 저는 모든 성도들이 진짜 목사의 열매를 알아채서 천국에 이를 수 있기를 간절히 바랍니다.

교인들은
진짜 목사를 원하는가?

여러분은 정말 하나님을 알고 싶으십니까?

정말 하나님의 뜻을 알고 싶으십니까?

정말 내가 왜 이 땅에 있고, 이 땅에서 하나님의 일하심이 어떤 것인지 알고 싶으십니까?

정말 이 생을 마치면, 저 좋은 천국에 가기를 원하십니까?

인간이 알 수 있는 최고 높은 차원의 하나님을 알기를 원하십니까?

만약 여러분이 정말 이것들을 원하신다면, 여러분은 진짜 목사를 찾아야 합니다. 아주 높은 차원의 경험과 지식, 그리고 인품을 갖춘 진짜 목사를 찾아야 합니다. 만약 그런 목사가 없다면 하나님께 강력히 요구해야 합니다. "하나님, 우리를 천국으로 인도할 목사를 허락해 주십시오. 진정한 하나님의 모습을 보여 줄 수 있는 목사를 보내 주십시오." 강력하게 기도해야 합니다. 물론 하나님은 이 기도에 응답해야 할 의무가 있습니다. 이것은 하나님의 뜻에 맞는 기도이기 때문입니다.

그런데 여러분, 교인들이 진짜 천국에 가고 싶어 하는 것 같습니까?

예전에 그랬죠. 많은 학부모들이 "우리 아이 때려서라도 사람 되게 해주십시오"라고 말했습니다. 그러나 지금 여러분을 잘 관찰해 보십시오. 여러분은 정말 매를 맞고서라도 천국에 가기를 원하십니까? 백체 중 하나를 잃고서라도 천국 가기를 소원하십니까? 아니면 그냥 매 맞으면 아프니까, 안 맞고 천국에 안 가는 걸 택하고 있습니까? 이것은 아주 중요한 질문입니다. 꼭 이런 질문을 던져야 하고, 여기에 여러분은 반드시 답을 달아야 합니다.

> 그들이 선견자들에게 이르기를 선견하지 말라 선견자들에게 이르기를 우리에게 바른 것을 보이지 말라 우리에게 부드러운 말을 하라 거짓된 것을 보이라
> 너희는 바른 길을 버리며 첩경에서 돌이키라 이스라엘의 거룩하신 이로 우리 앞에서 떠나시게 하라 하는도다 (사 30:10-11)

고대로부터 사람들은 '바른 말' 듣기를 싫어했습니다. 사람들은 '부드러운 말'만 좋아했습니다. 혹 부드러운 말이 거짓말이라 할지라도 부드러우면 그만이었습니다. 그 말이 잘못된 길로 인도한다 할지라도 상관없는 것이죠. 그 길의 종착지가 하나님을 떠나, 지옥으로 인도하는 길이라 할지라도 상관없습니다. 당장 듣기

에 부드러운 말이 훨씬 좋으니까요. 참 무서운 겁니다.

지금 교인들은 어떨까요?

제가 보기에는 지금도 똑같아 보입니다. 부드러운 말을 하는 목사를 좋아합니다. 아니죠. 목사들에게 부드러운 말만 요구합니다. 많은 교인들은 바른 말 하는 목사를 싫어합니다.

"목사님, 이제 그런 말 좀 그만하십시오. 좋은 말도 세 번 들으면 싫습니다. 그런데 왜 맨날 싫은 말만 하십니까?"

심지어 "목사님, 좀 재미있게 설교할 수 없으십니까? 어떤 목사님은 코미디언 뺨치더구만" 이렇게 말하는 교인들도 있습니다.

어떤 목사는 설교 시간에 유명 TV프로그램 〈무한도전〉 이야기를 10분 이상 하는 것을 저도 보았습니다. 성도들이 아주 좋아했습니다. 그런데 여러분, 〈무한도전〉이 언제 하는지 아십니까? 토요일 저녁에 합니다. 나쁘게 생각하면, 토요일 저녁에 설교 준비 안 하고 〈무한도전〉 보고 있었다는 이야기입니다. 그런데 교인들은 상관없습니다. 딱딱한 바른 말보다는 훨씬 부드럽고 재미있었으니까, 은혜(?) 받은 것이죠.

설교를 위트 있게 하지 말라는 말이 아닙니다. 항상 진지하고 절대 웃기지 않는 바른말만 하는 설교자가 진짜 목사라고 말하는 것도 아닙니다. 설교에는 눈물도 있어야 하고, 진지함도 있어야 하고, 풍자도 있고 웃음도 있어야 합니다. 그 모든 것이 어우러져서 하나님의 진리가 온전히 드러나야 합니다. 지금 제가 제기하는 문제는 교인들이 목사의 바른 말을 들으려고 하느냐 하는 것입니다. 하나님으로부터 오는 훈계로 들으려 하느냐 하는 것입니다. 혹시 부드럽고 재미있는 말만 들으려 하지 않느냐 하는 것입니다.

목사들 중에 '간음'한 목사들이 있다고 합시다. 이들이 설교 시간에 '간음'하지 말라고 자신 있게 설교할 수 있겠습니까? 사람이라면 원천적으로 불가능합니다.

집에서 아내에게 폭력을 행사하는 목사가 설교 시간에 "아내를 자신의 몸과 같이 사랑하십시오"라고 강조하며 설교하겠습니까? 친한 교인들이 다 알고 있는데. 사실 아는 사람들은 다 압니다. 그래서 목사는 그런 설교를 하지 않습니다. 그러니까 교인들은 참 좋죠. 고민하지 않아도 되잖아요. 만약 그런 설교를 들었다면, 죄책감도 느끼고 회개도 해야 하지만, 듣지 않았으니 마음은 참으로 가벼운 것이죠.

어떤 유명세가 있는 목사가 있습니다. 이 사람은 '간음'했습니다. 그는 간음 사실이 밝혀지기 전에는 거룩한 설교를 많이 했습니다. 그런데 죄가 드러나고 난 후에 이렇게 설교하는 것을 들었습니다. "흠이 없는 목사, 그거 밥맛입니다. 좀 금이 가고 문제가 있는 목사가 좋은 겁니다"라고 설교했습니다. 교인들은 좋다고 막 웃었습니다.

이 목사가 있는 교회 교인들이 몇 명쯤 될 것 같습니까? 무지무지 많습니다. 여러분, 교인들이 정말 진짜 목사를 원하는 것 같습니까? 오히려 죄를 공감해 주는 공감자가 필요한 것이 아닐까요? 정말 흠이 없는 목사를 재수 없다고 생각하는 것은 아닐까요? 그러나 예수님은 죄를 공감해 주신 적이 단 한 번도 없습니다. 죄인을 사랑하셨습니다. 죄로 죽을 수밖에 없는 자들을 사랑한 것이지 공감해 주지 않으셨습니다.

그 가짜 목사는 죄가 드러나기 전이나, 드러난 후나 여전히 말을 잘합니다. 가짜 설교를 막힘 없이 아주 유창하게 잘하고 있었습니다. 진짜 목사들보다 '말발'이 아주 좋은 것 같습니다. 이제는 아주 부드러운 말로만 설교를 하니 교인들은 그를 더 좋아하는 것 같습니다. 가짜 목사는 교인인 자기들을 감히 정죄할 수 없을 테니까요.

하지만 하나님은 이사야 선지자를 통해 분명히 말씀하셨습니다.

이러므로 이스라엘의 거룩하신 이가 이같이 말씀하시되 너희가 이 말을 업신여기고 압박과 허망을 믿어 그것을 의지하니
이 죄악이 너희에게 마치 무너지려고 터진 담이 불쑥 나와 순식간에 무너짐 같게 되리라 하셨은즉
그가 이 나라를 무너뜨리시되 토기장이가 그릇을 깨뜨림 같이 아낌이 없이 부수시리니 그 조각 중에서, 아궁이에서 불을 붙이거나 물 웅덩이에서 물을 뜰 것도 얻지 못하리라 (사 30:12-14)

부드러운 말을 좋아하는 교인들은 아주 갑자기 산산이 부서질 것입니다. 살 수가 없습니다. 반드시 무너져 내리고 말 것입니다. 천국에 절대 가지 못하고, 부드러운 길을 따라 지옥에 가게 될 것입니다. 교인들이 진짜 목사들이 전하는 하나님의 거친 말씀을

무시하고, 가짜 목사들이 하는 부드러운 설교를 좋아했기 때문입
니다. 여러분은 진짜 목사가 하는 바른 설교를 진정 원하십니까?

2

진짜 목사의
모델

목사는 사람인가?

　제가 신앙생활을 하면서 언젠가부터 이상하고도 재미있는 말이 들리기 시작했습니다. 목사들이 설교에서 이렇게 말하기 시작했습니다.

　"목사도 사람입니다."

　제 기억에는 1980년대에는 이 구절이 널리 울려 퍼지지 않았던 것 같습니다. 그런데 1990년대 말부터 누구랄 것도 없이 많은 설교 단상에서 이 말이 퍼져나갔던 것으로 기억합니다.

　좋은 변화죠?!

　'주의 종님'들이 자신이 인간이라는 것을 자복하고 나온 것이니까요. (예전에는 '주의 종님'들이라고 많이 말했습니다. '종'은 낮춘 말이지만, '목사'를 너무 낮출 수가 없어서 이상한 신조어를 만들어 사용한 것이죠. 그것이 바로 '주의 종님'입니다.)

　목사들이 이왕 이렇게 되었다고 생각했는지, 자신들이 인간이라는 사실을 구체적으로 표현하기 시작했습니다. 심지어 목사도 아주 저급한 인간일 수 있다는 사실을 확실히 설파하기 시작했습니다.

"제가 아들 뺨을 짝 때렸습니다. 이게 도무지 말을 들어야 말이죠."

"사모라는 사람이 명품 백 하나에 맛이 가서는…. 목사들도 바가지 많이 긁힙니다. 목사도 돈 많이 벌어와야지, 원 참."

"목사 앞에서, 자기가 공부 좀 했다고 잘난 체하는 교인들… 목사도 그런 사람들 사랑하기 참 힘듭니다. 아주 불편합니다."

그러고는 항상 "나도 사람이니까요"라는 말을 덧붙였습니다.

여러분의 목사들은 어떻습니까?

최소한 이런 말을 하지 않으려고 노력하는 목사라면, 그것이 진실이든 아니든 여러분은 행복한 겁니다. 적어도 여러분 앞에서는 진짜 목사로서 말하고 행동하는 것이니까요. 물론 목사가 진실로 좋은 목사인지, 가식적으로 좋은 목사인 척하는 것인지는 시간이 조금만 흐르면 정확히 알 수 있습니다.

자, 그럼 성경은 어떻게 말하는지 살펴봅시다. 과연 하나님도 목사에게 "너희는 그냥 사람이어도 좋다"라고 말씀하신 적이 있을까요? (이 질문은 정말 중요한 질문입니다. 여러분이 이 질문에 정확한 답을 알고 있어야 진짜 목사를 골라낼 수가 있습니다.)

나는 선한 목자라 선한 목자는 양들을 위하여 목숨을 버리거니와

삯꾼은 목자도 아니요 양도 제 양이 아니라 이리가 오는 것을 보면 양

을 버리고 달아나나니 이리가 양을 물어가고 또 헤치느니라

달아나는 것은 그가 삯꾼인 까닭에 양을 돌보지 아니함이나

(요 10:11-13)

예수님은 참목자와 삯꾼에 대해서 설명하시고 있습니다. 물론 이 본문은 진짜 목사와 가짜 목사에 대해서 직접적으로 비유한 것이라 보기는 어렵습니다. 오히려 예수님이 참'메시아'라는 것을 삯군과 대조하여 강조한 것이라 볼 수 있습니다. 그러나 이것으로 미루어 짐작해 보면 진짜 목사와 가짜 목사가 어떤 일을 해야 하는지를 비교적 정확하게 알 수 있습니다. 진짜 목사가 해야 하는 것은 다름 아닌 목숨을 걸고 목양을 하는 것입니다. 이 일에 예수님과 목사의 일이 차이가 있을 수 없다는 것도 잘 알 수 있습니다. 특히 다음에 나오는 첫 번째 목사인 베드로에게 하신 말씀을 보면, 위 본문이 단순히 메시아에 관한 것만은 아니라는 것을 더 확실히 알 수 있습니다.

그들이 조반 먹은 후에 예수께서 시몬 베드로에게 이르시되 요한의 아들 시몬아 네가 이 사람들보다 나를 더 사랑하느냐 하시니 이르되 주님 그러하나이다 내가 주를 사랑하는 줄 주님께서 아시나이다 이르시되 내 어린양을 먹이라 하시고

또 두 번째 이르시되 요한의 아들 시몬아 네가 나를 사랑하느냐 하시니 이르되 주님 그러하나이다 내가 주님을 사랑하는 줄 주님께서 아시나이다 이르시되 내 양을 치라 하시고

세 번째 이르시되 요한의 아들 시몬아 네가 나를 사랑하느냐 하시니 주께서 세 번째 네가 나를 사랑하느냐 하시므로 베드로가 근심하여 이르되 주님 모든 것을 아시오매 내가 주님을 사랑하는 줄을 주님께서 아시나이다 예수께서 이르시되 내 양을 먹이라 (요 21:15-17)

예수님은 베드로 목사에게 세 가지를 요구합니다. 그것들은 모두 베드로 목사가 앞으로 해야 하는 일들이었습니다.

첫째, 내 어린양을 먹이라.

둘째, 내 양을 치라.

셋째, 내 양을 먹이라.

사실 이 세 가지 요구는 다 똑같은 말입니다. 양을 잘 돌보라는 말이죠. 세 번을 반복했으니 유대식으로 볼 때, 매우 강조한 것입니다. 결국 예수님이 원하셨던 것은 자신의 양을 예수님과 똑같이 돌보라는 것이었습니다. 아니면 그 수준에 아주 근접하게 돌보라는 뜻이었겠죠.

베드로는 결과적으로 예수님과 같은 수준의 선한 목자가 되었습니다. 진짜 목사로서 자신의 목숨을 걸고 그 양떼를 돌보았습니다. 예수님이 요구하신 것을 충족하기 위해서 최선을 다했을 것입니다.

여러분은 어떻게 생각하십니까?

이래도 목사는 예수님과는 비교도 되지 않는 낮은 수준의 인간 목사가 되어도 된다고 생각하십니까?

예수님이 베드로 목사에게 자기 양떼를 맡기실 때, "그래, 사람인데 뭐. 그냥 사람만큼 사랑하면 되지 뭐. 어떨 때는 사랑하지 않을 수도 있지 뭐"라고 생각하셨을까요? 그런 마음으로 이 일을 이임(移任)하셨을까요?

누구나 알 수 있습니다. 이 일을 완수하는 데 있어서, 예수님과 인간 목사는 차이가 있을 수 없습니다. 예수님은 목사들에게 예수님과 똑같이 일하라고 명령하셨습니다.

이런 방식은 창조 때부터 시작되었던 겁니다. 하나님은 자신의 일을 인간 아담에게 그대로 전해 주셨습니다. 원래 세상을 다스리는 일은 하나님의 일이었습니다. 하지만 하나님은 그것을 인간의 일로 주셨습니다. 똑같은 권한과 함께 똑같은 의무를 주시면서 그 일을 하게 하셨습니다.

"나보다는 못해도 돼"라고 말씀하시면서 낮은 수준의 다스림을 요구하신 것이 절대 아닙니다. 하나님은 인간을 처음부터 아주 뛰어나게 만드셨고 자신을 닮게 만드셨습니다. 하나님은 자신을 닮은 인간이 하나님과 똑같이 그 일을 하기를 바라셨습니다. 이런 이치에서 볼 때, 예수님의 일과 목사의 일은 같을 수밖에 없습니다.

여러분은 목사에게 어떤 수준의 섬김을 받고 싶으십니까? 어디까지 섬김을 받고 싶으십니까? 아직도 여러분 중에 목사에게 섬김을 받는 것이 아니라, 성도들이 섬기는 것이라고만 생각하는 분들이 있습니까?

사랑은 서로 하는 겁니다.

목사가 예수님과 같이 목숨을 다해 성도를 사랑하고 목사의 직을 감당할 때, 성도들도 그 목사를 목숨을 걸고 따르는 것입니다. 그게 진정한 목자와 양의 관계인 것입니다.

목사에게 낮은 수준을 요구하지 마십시오. 그건 예수님의 뜻이 아닙니다. 목사는 충분히 그런 부담감을 감당할 수 있는 사람들이어야 합니다. 그리고 철저히 감당해야 하는 사람들입니다.

욕을 안 하는 사람이어야 합니다.

자신에게 돌을 던지는 사람을 품어야 하고, 그들을 위해 진심으로 기도하는 사람입니다.

성도를 가족으로서 사랑하는 사람입니다.

그 귀한 돈을 사랑하지 않으며, 예쁜 여자를 돌같이 보고, 자신에 대한 칭찬과 찬양을 지나가는 일로 생각하며, 자기 아이들과 사모를 학대하지 않는 것이 기본이어야 합니다. 이런 것이 정말 어렵고 하기 싫다면, 빨리 목사의 직을 던지는 것이 지혜로운 일입니다. 그렇지 않으면 하나님은 목사의 죄에 대해서 일반인들보다 훨씬 더 무거운 책임을 물으실 것입니다.

성도들은 목사에게 일반 사람들보다 훨씬 높은 수준의 모습을 요구해야 합니다. 당연한 일입니다. 그런데 목사가 일반 사람들의 수준에 머무른다면, 혹은 일반 사람의 수준에도 미치지 못한다면 그것은 절대 안 되는 일입니다.

누군가가 어떤 사람을 위해 목숨을 던져서 사랑한다는 것은 이미 인간을 넘어선 일입니다. 그 일을 하는 것이 목사입니다. 그런데 어떻게 낮은 수준의 목사를 용납할 수가 있습니까? 절대 그럴 수 없습니다. 주님의 교회를 위해서도 절대 물러설 수 없는 일입니다. 사람과 같은 수준을 요구하는 것은 이미 그를 목사로 취급하지 않는 것입니다.

정말 높은 수준을 요구해야 합니다. 그래야 여러분이 살 수 있습니다. 그래야 여러분의 교회가 살고, 진정으로 하나님의 나라가 이 땅에서 확장되는 것을 볼 수 있습니다.

예수님은 목사의 모형이
될 수 있는가?

예수님은 인성과 신성을 동시에 가지고 계신 분입니다. 완전한 신이시고, 완전한 인간이십니다. 정확한 신학적 소양이 없는 분들은 이 말의 명확한 개념을 가지고 있지 못할 수도 있습니다. 하지만 예수님이 신이시고, 인간이시라는 아주 단순한 정보, 그 자체에 대해서는 누구나 알 수 있으리라 생각합니다.

그러면 예수님이 이 땅에서 자신의 사람들을 목양하실 때, 자신의 신성을 얼마나 사용하셨을까요?

결론적으로 말씀드리자면, 아주 제한적으로 신성을 사용하셨다고 말씀드릴 수 있습니다.

물 위를 걸어오시거나, 파도를 잠잠케 하는 것은 목양의 모습이라기보다, 자신이 메시아이심을 드러내는 일에 사용하셨다고 보는 것이 더 합당합니다.

그렇다면 예수님은 자신의 아버지이신 하나님의 음성은 몇 번이나 들어보셨을까요?

세 번 정도였다고 볼 수 있습니다. 마태복음 3장에서 세례자 요한에게 세례를 받으실 때였습니다. 누가복음 9장에서 변화산 사건 때 들으셨고, 요한복음 12장에서 나사로 사건 후에 하나님의 음성을 들으셨습니다. 물론 수시로 들으셨을 수도 있습니다. 하지만 성경에는 기록되지 않았습니다.

아마도 예수님은 인간을 온전히 체휼하시기 위해서 기도마저도 사람과 같은 방식으로 하셨던 것 같습니다. 이런 모습은 겟세마네 기도와 십자가상에서의 기도에서도 그대로 나타납니다.

예수님은 겟세마네에서 땀이 피가 되도록 기도하셨습니다. 하지만 하나님은 예수님께 어떤 말씀도 하시지 않았습니다. 인간과 같이 하나님의 음성을 듣지 못하셨습니다.

십자가에서는 어떻습니까? 극심한 고통 속에 하나님께 부르짖으셨습니다. "엘리 엘리 라마 사박다니, 나의 하나님 나의 하나님 어찌하여 나를 버리셨습니까?" 이때도 성부 하나님은 어떤 대답도 들려주지 않으셨습니다. 예수님은 절체절명의 순간에도 인간과 같이 하나님의 음성을 듣지 못하셨습니다. 예수님은 인간을 그대로 체휼하시기 위해서 극도로 신성을 제한하셨습니다.

반대로 하나님의 음성을 듣는 일은 신령한 일이기는 하지만, 꼭 신성을 발휘해야만 들을 수 있는 것은 아닙니다. 인간인 사도 바울도 하나님의 음성을 듣고, 베드로도 들었습니다. 심지어 이 시대 우리도 극히 제한적일 수는 있지만 하나님의 음성을 들을 수 있습니다. 그러니 이것을 예수님의 신성만이 가진 특징이라고 말할 수는 없습니다.

예수님의 중요 사역 중에 병 고침의 사역이 있었습니다. 병 고침 사역에는 신적 능력이 발휘되어야 되겠죠? 특히 죽은 자들을 살리는 일에는 더욱 그러해야 합니다. 야이로의 딸을 죽음에서 살리신 일과 나사로를 살리신 일, 그리고 나인성 과부의 아들을 살리신 일이 있었습니다.

죽은 자를 살리는 일은 분명 신성을 발휘했다고 말할 수 있는 강력한 사건입니다. 하지만 이런 일은 삼 년의 공생애 사역 동안 단 세 번 있었습니다. 무슨 말입니까? 역시 예수님은 신성을 극히 제한하셨다는 것입니다. 예수님은 자신의 사역을 신적 능력으로 끌고 가지 않으셨다는 말입니다. 철저히 인간으로서 자신의 양들을 목양하셨습니다.

또한 죽은 자를 살리는 일은 나중에 인간인 사도들에 의해서도 일어납니다. 사도들도 몇 차례 죽은 자를 살리죠. 그래서 이 또한 오로지 신성만의 특징이라고 말하기가 어렵습니다. 핵심이 무엇입니까? 예수님은 인간 목사의 충분한 모델이 될 수 있다는 것입니다.

예수님은 철저히 하나님의 능력을 버리셨습니다. 인간 목사와 같은 체력과 능력으로 양들을 인도하셨습니다. 그래서 십자가에서 돌아가실 때 너무나도 빠른 시간에 돌아가셨습니다. 다른 인간들보다 훨씬 나약한 모습으로 돌아가셨습니다. 그렇기 때문에 목사는 할 수 없다고 말해서는 안 됩니다. "어떻게 인간이 예수님을 모델로 삼을 수 있어?"라고 말하면 안 됩니다. 목사라면 예수님을 자신의 모형으로 삼는 것이 당연합니다. 목사는 항상 예수님과 같이 사역하려고 최선을 다해야 합니다. 예수님처럼 살고, 사역해야 합니다. 예수님이 사랑하셨듯이 교인들을 사랑하고, 정말 열정적으로 사랑하고 배신을 알면서도 사랑해야 합니다. 예수님처럼 교인들을 섬기며, 자신을 비워 마치 자신이 종인 것처럼 교인들을 섬겨야 합니다. 예수님이 하나님과 교제하셨듯이 하나님과 기도하며, 예수님께서 말씀하신 대로 설교해야 합니다.

아직도 목사들 중에 "우리는 사람인데 어떻게 그렇게 할 수 있습니까?"라고 말하는 사람들이 있습니까? 우리, 신학교에서 많이 들었죠. 첫 예배 때부터 들었을 것입니다. "그러면 빨리 집으로 돌아가십시오." 빨리 목사를 관두는 것이 좋습니다. 선생된 자가, 목사된 자가 더 큰 벌을 받습니다. 빨리 관두고 자신에게 더 맞는 일을 찾아 하나님을 섬기는 것이 맞습니다.

만약 자신의 약함을 알지만, 그래도 하나님이 주신 이 귀한 직분을 포기할 수 없다면, 성령과 함께하는 사역의 비결을 터득해야 합니다. 성령 충만이 무엇인지 경험해야 합니다. 성령을 의지하고 성령에 푹 잠긴 인간 목사로서 예수님과 같이 사역을 해야 합니다. 예수님을 모델로 삼을 수 있다는 것만으로도 영광입니다.

성도들은 이제 잘 관찰해야겠죠. 자신의 목사가 예수님과 같이 사역하고 있는지 살펴야 합니다. 목사가 예수님을 모델로 삼고 있는지 관찰해야 합니다. 그리고 얼마나 예수님의 모습에 근접한지 판단해야 합니다. 한 치의 부족함도 용납해서는 안 됩니다. 올바른 영성과 목양을 보이도록 쪼아야 합니다. 정말 영적인 일, 하나님의 백성을 예수님의 방법으로 돌보기를 강력히 요구해야 합니다. 그럴 때 하나님의 교회가 살아나고, 성도 자신들도 살 수 있습니다. 목사에게 예수님의 모습을 요구하십시오.

회개의 설교

회개하라 천국이 가까이 왔느니라 하였으니 (마 3:2)

이때부터 예수께서 비로소 전파하여 이르시되 회개하라 천국이 가까이 왔느니라 하시더라 (마 4:17)

내용이 똑같습니다.

그럼 말한 사람도 똑같을까요?

성경을 정확히 읽어 보신 분들은 아실 수 있습니다. 마태복음 3장 2절은 세례자 요한이 한 말이고, 마태복음 4장 17절은 예수님이 하신 말입니다. '말'이라고 표현했지만, 설교입니다. 둘의 설교는 같았습니다.

알지 못하던 시대에는 하나님이 간과하셨거니와 이제는 어디든지 사람에게 다 명하사 회개하라 하셨으니 (행 17:30)

물론 다른 사도들의 주된 설교도 마찬가지였습니다. 심지어 미래의 종말을 이야기하는 사도 요한도 동일한 설교를 하고 있습니다.

그러므로 네가 어떻게 받았으며 어떻게 들었는지 생각하고 지켜 회개하라 만일 일깨지 아니하면 내가 도둑 같이 이르리니 어느 때에 네게 이를는지 네가 알지 못하리라 (계 3:3)

무릇 내가 사랑하는 자를 책망하여 징계하노니 그러므로 네가 열심을 내라 회개하라 (계 3:19)

회개 설교의 분위기나 뉘앙스는 어떨까요?

포악하기 그지없습니다. 굉장히 극단적입니다.

세례자 요한은 도끼를 운운하면서, 하나님 앞에 회개하지 않는 사람들은 끝장날 것이라고 외쳤습니다. 사도 요한 역시 '내 사랑하는 자'를 책망하고 징계한다고까지 으름장을 놓고 있습니다.

왜 이들은 한결같이 회개를 촉구하고, 회개하지 않았을 때 일어날 무서운 결과를 주지시키는 것일까요?

그 이유는 기독교의 본질이 바로 여기에 있기 때문입니다. 회개가 없으면 천국도 없다는 것이지요. 문제는 모든 인간이 죄인이라는 것입니다. 그리고 그들은 하나님께 돌아오는 데 주저하고 있습니다. 그래서 참선지자들은 표현을 과격하게 하면서까지 그들에게 회개를 요구했습니다.

원래 회개의 설교는 원색적이고 과격한 것이었지만, 거짓된 목사들이 변질시키거나 없애 버렸습니다. 그들은 단지 회개의 설교를 교인들을 옥죄는 데 사용하였습니다.

"너 이거 안 하면, 지옥 가."

"너 십일조 안 했지? 그러면 하나님께 큰 죄를 짓는 거야. 돈을 사랑함이 일만 악의 뿌리야, 몰라? 그러면 지옥 가. 지옥 안 가려면 잘해야 돼."

"너 주일 안 지키면 하나님이 벌을 내리신다. 그 집사 알지? 주일에 골프 치러 가다가 교통사고 났잖아? 주일 되면 어디로? 교회로 온다. 자, 다 같이 해봅시다. 주일은 교회로."

이들의 말들을 꼼꼼히 살펴보면, 거의 다 맞는 말입니다. 그런데 어찌 보면 1퍼센트도 되지 않는 비율이 진짜와 가짜를 나눕니다. 결국 가짜 목사들이 권하는 회개는 성도들을 위하지 않습니다. 목사 자신들의 편의를 위합니다. 성도들을 자기들의 수중에 두고 싶은 것이죠. 성도들이 참회개를 통해서 천국에 가는 것이 중요한 것이 아니라, 죄책감을 가지게 함으로 목사들에게 순종적인 사람들이 되면 그것으로 족한 것입니다.

이런 모습을 보고 있던 자유주의 신학자들은 어이가 없었습니다. 그래서 그들은 회개의 설교라고 하면 치를 떨었습니다. 결국 그들은 '고상한 기독교'를 주장하게 되었습니다. 그런데 여기에 더 큰 문제가 있었습니다. 나쁜 가지를 치기 위해서 나무의 몸통을 잘라 버린 격이 되고 말았습니다. 설교가 고상하고 매너가 있어야지, 죄책감이나 불러일으키는 '회개 설교'는 하지 말아야 한다고 주장했습니다. 그것은 아주 나쁜 종교의 현상이라고 소리를 높였습니다.

더 나아가, 그들은 제대로 된 회개의 설교마저도 '보험 종교'의 모습이라고 비판했습니다. 더 이상 회개 설교 자체를 하지 말라고 주장했습니다. '보험 종교'란 마치 보험 들어 놓은 것처럼 신앙생활을 한다는 뜻입니다. 현재 신앙을 유지하는 것은 오로지 밝은 장래를 위해 납부하는 납입금과 같다는 것입니다. 예를 들어, 미래에 천국이라는 보험금을 타려면 어떻게 해야겠습니까? '오늘의 납입금'을 성실히 납부해야 합니다. 그리고 가능한 한 많이 납부하면 더 좋습니다. 헌금이라는 납입금을 낼 때도 제때, 많이 내야 천국이 제대로 보장될 수 있겠죠? 주일 예배 참석의 경우도 마찬가지입니다. 주일 예배 참석도 하지 않았으면서, 어떻게 천국이라는 보험금과 무병장수를 보장해 달라고 요구할 수 있겠습니까? 다 낸만큼 받는 것입니다. 이게 세상의 이치죠.

자유주의 신학자들은 잘못된 회개 설교의 모습만 보고서, 회개 설교 자체를 왜곡해서 받아들여 버렸습니다. 그러나 이것은 전체 맥락을 놓친 큰 실수입니다.

그들은 하나님의 구원 사역이라는 큰 그림 속에 있는 가장 기본적인 '룰'을 잊고 말았습니다. 사실 이것을 온전히 이해하려면 상당한 성경적 지식과 고민이 있어야 합니다. 그러나 최대한 단순하고 쉽게 접근해 보겠습니다.

하나님이 제시하신 구원의 룰은 너무나 간단합니다. 저급(?)하게도 '예수 천당'이라는 아주 단순한 것입니다. 성경을 잘 관찰해 보십시오. 하나님이 이것 이상의 다른 어떤 고상한 기준을 제시하셨습니까? '예수를 믿고 천당에 간다는 것'이 기본입니다. 이것은 바뀌지도 않을 것이고, 바뀔 수도 없습니다.

그렇다면 예수를 믿는다는 것의 가장 기본적인 전제 조건은 무엇입니까? 회개입니다. 자신이 죄인인 것을 인정하고 그 죄를 그리스도 예수님의 십자가 보혈로 씻는 것입니다. 그것이 바로 회개의 첫걸음입니다. 그러면 회개를 요구하는 원색적이고 과격한 '회개 설교' 없이 어떻게 구원의 첫걸음을 뗄 수가 있단 말입니까? 현 교회 속에서 변질된 측면이 많다 하더라도, 구원의 룰을 바꿀 수 없다면 '회개 설교' 자체를 부인해서는 안 됩니다.

> 하나님이 세상을 이처럼 사랑하사 독생자를 주셨으니 이는 그를 믿는 자마다 멸망하지 않고 영생을 얻게 하려 하심이라 (요 3:16)

'기독교의 본질'은 구원자 그리스도 예수를 믿고 죄된 인생이 영생을 얻는 것입니다. 하나님은 이것을 진정으로 원하십니다. 너무나 기뻐하십니다. 그래서 이것이 '기독교의 본질'입니다. 다른 것은 구원의 과정을 통해 파생되는 것들입니다.

그래서 진짜 목사는 그리스도 예수의 대속 사역을 허망한 일로 만들 수 없습니다. 아주 직설적으로 회개 설교를 할 것입니다. 회개 설교가 변질되어 '보험 종교'로 보일지라도, 철저한 회개를 계속해서 외칠 수밖에 없습니다. 교인들이 싫어할지라도 계속 외쳐야 합니다. 이것은 기본입니다. 하나님의 구원 사역을 이루는 데 필수불가결한 일입니다.

청교도들은 회개(회심)를 정말 중요하게 생각했습니다. 그래서 지나칠 정도로 '회심'의 과정을 심각하게 생각했습니다. 어떤 유명한 목사의 사모마저도 "내가 회심했습니다"라고 말하기가 쉽지 않을 정도였습니다. 너무 신중했던 것이죠. 물론 이것은 극한(極限)입니다.

청교도들의 지나친 면입니다. 하나님의 은혜를 잘 이해하지 못한 결과라 할 수 있습니다. 왜냐하면 '참된 회심'에 대한 판단은 인간에게 있는 것이 아니라, 전적으로 하나님께 있기 때문입니다. 인간이 회개할 때 진심을 다하고 자신의 상태를 철저히 살피는 것은 당연한 일입니다. 그렇게 해야 합니다. 하지만 판단은 하나님이 내리십니다. 인간은 그저 죄인으로서 성령에 의지하여 회개의 과정을 밟아 가면 됩니다. 인간이 회개의 수준을 임의로 설정하는 것은 하나님을 무시하는 일입니다.

그런데 청교도들은 자신의 의지에 너무 무게중심을 두었던 것 같습니다. 극단적으로 말하면, 하나님은 이미 "너의 회개를 받겠다"라고 말씀하셨는데 청교도들은 "아닙니다, 하나님. 이 정도로는 안 됩니다. 잠시만 기다려 주십시오. 제가 더 확실하게 회개하겠습니다. 좀더 높은 수준이 필요합니다"라고 말하는 것과 같습니다. 항상 극단은 조심해야 합니다.

하지만 우리는 청교도들이 이토록 회개에 큰 비중을 두고 있다는 것을 인지해야 합니다. 우리 역시 심각하게 자신의 회개를 살펴보아야 합니다. 그것이 기독교의 본질을 이루어 가는 중요한 과정이기 때문입니다.

결국 회개(회심)가 없이는 천국의 소망을 누릴 수 없고, 실제로 천국을 갈 수 없습니다. 그래서 예수님과 선지자, 사도들이 계속해서 회개 설교를 했던 것입니다. 이사야, 하박국, 아모스 등 모든 선지자들도 이것을 알기 때문에 끊임없이 "하나님께 돌아오라. 그가 싸매어 주실 것이다. 그가 낫게 하실 것이다. 그가 자유케 하실 것이다"라고 울부짖었습니다.

지금은 어떨까요?

지금 목사들의 설교를 잘 들어 보십시오. '이지 프리칭'(easy preaching) 아닙니까? '이지 리스너'(easy listener)들을 위한 가볍고 듣기 좋은 설교만 하고 있지 않습니까? 까칠한 회개 설교는 무서워서 하질 못합니다. 진지한 설교를 싫어하는 '헌그머'들이 떠나 버릴 테니까요.('헌그머'는 헌금을 내는 교인들을 나타내는 필자가 만든 신조어입니다.)

여러분의 목사들의 설교를 잘 관찰해 보십시오. 까칠한 회개 설교를 얼마나 하는지 들어 보십시오. 한다 해도 한줄 두줄 정도 읽고 넘어가지 않습니까? 만약 그렇다면, 어찌 그것을 진짜 설교라 할 수 있겠습니까?

여러분, 회개 설교를 준비하려면 누가 먼저 죽어나는지 아십니까? 목사 자신입니다.

일주일을 돌아보며, 보기도 싫은 자신의 죄와 정면으로 마주해야 합니다. 쉽겠습니까? 그냥 기계적으로 설교 원고만 쓸 수 있을까요? 절대 그럴 수 없습니다.

재미있게도, 설교 준비 역시 살아 있는 하나님의 말씀이 계시되는 과정입니다. 그래서 이 설교 준비가 먼저 목사 자신을 칩니다. 그 말씀이 목사의 심장을 때립니다. 설교문 한줄 한줄 쓸 때마다 마음이 아프고, 눈물이 나고, 거룩한 찔림으로 느끼는 거부감이 몰려옵니다. 하나님이 살아 계셔서 그렇습니다. 설교를 준비한다는 것은 이런 것입니다.

그런데 어떻게 쉽게 회개를 촉구하는 설교를 할 수 있겠습니까? 고역입니다. 죽고 싶을 정도의 아픔입니다. 하나님 말씀의 도전을 다 피해 나가기란 참으로 어려운 일입니다. 참회개를 촉구하려면 구체적으로 들어가야 하는데, 구체적인 예를 들고 참회개를 끝까지 몰고 가려면, 설교자도 힘들고 교인들도 아주 힘듭니다. 그러니 자연히 피하게 되고, 회개 설교를 한다 해도 피상적이 될 수밖에 없습니다.

어느 대형교회 목사는 목회세미나를 하면서 이렇게 말했다고 합니다.

"여러분, 정말 부흥하고 싶으세요? 그러면 '치는 설교'(회개 설교의 다른 말) 하지 마세요. 그 누가 듣고 싶겠어요. 좋은 말 해요. 좋은 설교 많은데, 뭐 하러 치는 설교 합니까? 그거 아무도 안 좋아합니다. 좋은 소리도 세 번만 하면 싫어지는데, 싫은 설교를 계속하면 어떻게 되겠어요?"

그 대형교회 목사님의 말에 목사들의 반응이 어땠을 것 같습니까? 폭발적이었습니다. 좋다고 웃고, 고개 끄덕이고, 필기하고, 결심하고 그랬다고 합니다. 자기들도 대형교회 목사가 되고 싶으니까요.

여러분, 진짜 목사는 산고(產苦)를 피하지 않습니다. 죄된 인간이 하나님께로 인도되어, 자신의 죄와 맞부딪혀 싸워 이겨내는 것을 돕는 그 산고를 피해 버리지 않습니다. 목사 본인부터 이 싸움이 아프고 쓰리지만 죄인을 받아 주시는 하나님 아버지를 믿고 그 힘든 싸움을 싸우고, 또 싸워 나갑니다. 그리고 기뻐합니다. 그 어려운 회개의 과정을 통과하고 나면, 영혼이 살아나는 것을 느끼게 되기 때문입니다. 그래서 성도들에게도 아픈 회개 설교를 합니다. 힘든 설교지만, 이 설교를 듣고 한 영혼이라도 참회개를 할 수 있다면 자신의 모든 고통을 다 잊을 수 있기 때문입니다.

그 고통을 피해 버린다면 그는 가짜 목사입니다. 하나님은 그를 용서하지 않을 것입니다. "나는 네가 누군지 모른다"라고 하실 것입니다.

성도들은 목사의 설교를 잘 분석해야 합니다.

여러분의 목사들이 참된 회개를 외치는 설교를 하고 있는지 분석하십시오. 만약 그들의 설교가 회개를 촉구하는 참된 설교라면, 그 설교 안에는 정말 아픈 채찍과 함께 그리스도의 참된 평안이 보일 것입니다.

천국 설교

회개하라 천국이 가까이 왔느니라 하였으니 (마 3:2)

성도는 '이중 국적'을 가진 사람입니다. 이것은 정말 중요한 개념입니다. 그런데 좀 어려운 개념일 수도 있습니다. 그래서 이것을 오해하는 사람들이 많습니다. '이중 국적'이라고 하니까, 그 개념을 선(先)'이생', 후(後)'저생'으로 오해합니다. 현세를 사는 동안에는 현세의 사람으로 살고, 내세에 가게 되면 그때 가서 '천국 시민'으로 산다고 생각하는 것이죠. 상당수의 목사들도 이렇게 생각하고 있는 것 같습니다.

그러나 성도들이 '이중 국적'을 소유했다는 개념의 핵심은 '동시성'입니다. 현세를 살고 있으면서 동시에 천국을 살고 있습니다. 다른 표현으로 하자면, 성도들은 현세와 함께 천국을 동시에 느끼며 살아야 합니다. 이 천국은 현세 속에서 이루어지는 하나님의 나라를 말합니다. 이를 이해하기 위해 좀더 어려운 이야기로 가봅시다.

> 또 내가 보니 보라 어린 양이 시온 산에 섰고 그와 함께 십사만 사천이 서 있는데 그들의 이마에는 어린 양의 이름과 그 아버지의 이름을 쓴 것이 있더라 (계 14:1)

"십사만 사천", 이단에 의해 굉장히 이슈가 된 단어죠. 그만큼 하나님의 백성 '십사만 사천'은 매력적인 숫자입니다. 천국에 들어가는 성도들의 숫자이기 때문입니다.

여러분은 미래에 이루어질 십사만 사천 명 안에서, 여러분의 얼굴을 보실 수 있으십니까?

저는 거기서 제 얼굴을 찾았는데, 여러분은 그들 속에서 여러분의 얼굴을 찾으셨는지 모르겠습니다. 무슨 말인지 잘 모르시겠죠? 성도는 당연히 미래의 천국에 있는 십사만 사천 명 속에서 자신의 얼굴을 볼 수 있습니다. 왜냐하면 이미 결정되어 있기 때문입니다. 성도들이 지금 거기에 있습니다. '지금'이라는 단어가 재밌죠. 우리는 인간이기 때문에 시간을 과거, 현재, 미래로 나눌 수밖에 없습니다. 하지만 하나님께는 오직 지금만 있습니다. 인간의 과거도 하나님께는 지금이고, 현재도, 미래도 다 지금입니다. 하나님은 시간에 종속되지 않고 독립되어 있기 때문입니다. 쉽게 말하면 하나님은 인간이 느끼는 시간의 흐름이 아닌, 고정되어 있는 시간을 느끼십니다.

우리는 인간이라서 미래를 느낄 수 없지만, 하나님은 이미 우리 얼굴을 십사만 사천 속에서 보고 계십니다. 놀랍지 않습니까? 하지만 사실입니다. 하나님은 고정된 시간을 보고 계십니다. 그래서 과거, 현재, 미래의 우리 모습을 정확히 보실 수 있습니다. 믿음의 눈은 하나님의 눈과 우리의 눈을 하나로 만들어 줍니다. 그래서 하나님이 보시는 것을 우리도 볼 수 있게 합니다. 이것이 소위 말하는 구원의 확신입니다. 인간은 미래를 볼 수 없기 때문에 구원받은 것을 확신할 수 없어야 마땅합니다. 하지만 믿음의 눈을 가진 성도는 미래를 지금같이 볼 수 있습니다. 하나님 안에서 하나님의 눈을 통하여 보는 것입니다. 그래서 자신의 구원을 확신할 수 있습니다. 우리가 진정한 성도라면, 우리는 이미 미래의 천국에 있는 자신의 얼굴을 볼 수 있습니다. 같은 이유로 사도 요한은 AD 1세기경에 미래에 있는 우리 얼굴을 이미 보았습니다.

결국 이 이야기는 신분의 문제입니다. 성도는 현세에 속해 있지만 미래에 의해서 이미 결정된 천국의 시민입니다. 미래에 신분의 변화가 생긴 겁니다. 미래의 신분 변화가 지금의 삶에 영향을 미친 것입니다. 이 세상의 시민권만 가지고 있는 일반인들은 이것을 도무지 이해할 수 없습니다. 이것은 천국을 이해할 수 있고 천국을 볼 수 있는 신분 변화입니다. 이것이 이중 신분의 뜻입니다. 그러니 성도들은 현세를 사는 일반적인 사람들과 자연히 다른 모습으로 살 수밖에 없습니다. 자신들이 속한 이 땅의 법과 천국의 법을 융합하여 현세를 살아가기 때문입니다.

두 번째는 실제적 사건의 문제입니다. 예수님은 큰 사건을 일으키셨습니다. 천국 시민이신 예수님이 이 땅에 직접 오셨습니다. 그리고 현세에 천국이 임하게 하셨습니다. 모든 사람들이 볼 수 있는 천국을 이 땅에 실현하셨습니다. 자신이 직접 이 땅에 오시는 방법을 통해 이 땅에서 천국과 함께, 천국의 삶을 보여 주셨습니다. 많은 사람들은 '이 세상에서 천국이 가능하겠어?'라고 생각했을 것입니다. 그러나 예수님은 이 사건을 통해 이 땅에서도 천국이 가능하다는 것을 모두에게 보여 주셨습니다. 인간들은 자신들의 눈으로 그것을 직접 목격했습니다. 이제는 그 누구도 이 땅에서 천국이 실현될 수 있다는 것을 부인할 수 없게 되었습니다. 결국 이것은 현세가 거대한 하나님 나라의 일부분이기 때문에 이루어질 수 있었던 사건입니다.

> 예수께서 그들에게 이르시되 혼인집 손님들이 신랑과 함께 있을 동안에 슬퍼할 수 있느냐 그러나 신랑을 빼앗길 날이 이르리니 그 때에는 금식할 것이니라 (마 9:15)

위 구절에서 예수님은 자신을 혼인 잔치의 신랑으로 소개하고 있습니다. 요한계시록을 읽어 보면, 혼인 잔치는 천국의 일상생활이라는 것을 알 수 있습니다. 천국은 늘 잔치입니다. 예수님은 요한계시록에 나온 미래 천국의 혼인 잔치의 신랑입니다. 그런데 사실 그 일은 미래에만 국한된 것이 아니었습니다. 예수님이 이 땅에 오시는 사건을 통해서 현실이 되었지요. 예수님은 3년의 공생애를 통해 현재를 살고 있는 제자들도 그 혼인 잔치를 누릴 수 있게 하셨습니다. 제자들은 예수님과 함께하면서 미래 천국의 잔치를 현세 속에서 그대로 누렸습니다. 예수님과 함께하는 일이 얼마나 즐거웠는지 모릅니다. 항상 웃음이 있고 신이 났습니다. 예수님이 이 땅에 적극적으로 개입하심으로 현세가 거대한 하나님 나라 안에 있다는 것이 증명되었습니다. 결국 성도들은 천국 혼인 잔치의 신랑 되신 예수님과 함께 있으면 이 현세 속에서 천국을 고스란히 경험할 수 있습니다. 예수님이 한 사건을 일으키셨기 때문에 뒤에 오는 모든 사람들은 보다 쉽게 그 사건을 경험할 수 있게 되었습니다.

> 천사가 내게 말하기를 기록하라 어린 양의 혼인 잔치에 청함을 받은 자들은 복이 있도다 하고 또 내게 말하되 이것은 하나님의 참되신 말씀이라 하기로 (계 19:9)

천국은 항상성을 지닙니다. 하나님은 시간의 흐름에 의존하지 않으시기 때문입니다. 시점과 상관없이 성도는 하나님과 함께할 수 있습니다. 하나님과 함께하면 그곳은 천국이 됩니다. 천국은 "God is with you"(하나님이 너와 함께하신다)와 같습니다. 성도가 하나님과 함께 현세를 살아간다면, 곧 천국을 누리며 사는 것입니다. 이 삶이 현세와 천국을 동시에 사는 삶입니다. 성도는 미래 완성된 천국에 의해서 신분이 결정되고, 현세 속에서 거대한 천국을 늘 느끼며 살 수 있습니다.

> 그러나 내가 하나님의 성령을 힘입어 귀신을 쫓아내는 것이면 하나님

의 나라가 이미 너희에게 임하였느니라 (마 12:28)

결국 성도가 현세 속에서 천국을 온전히 경험하며 살기 위해서는 성령 충만이 필수적입니다. 성령이 충만해진다는 것은 '하나님과 함께하는 것'의 극대치입니다. 성령으로 하나님과 온전히 결합되면 이미 임한 하나님의 나라가 실제로 보이기 시작합니다.

그렇다면 천국과 현세를 동시에 살아가는 진짜 목사의 설교는 어떠해야 할까요?

천국과 현세가 융합된 설교를 합니다. 융합된 설교에는 예수님이 하신 산상수훈의 원리가 고스란히 녹아들어 있습니다. 산상수훈은 현실을 포함하면서도 초월하는 천국의 설교입니다. 그래서 현세와 함께 천국의 코드로 받아들이지 않으면 어색하기 짝이 없는 설교입니다.

심령이 가난한 자는 복이 있나니 천국이 그들의 것임이요 (마 5:3)

여기서 "가난한"이라는 말은 '프토코이'라는 헬라어입니다. 이 단어의 기본 뜻은 '구걸하다'라는 의미입니다. 가난한 자는 거지라는 것입니다. 파산 상태죠. 정말 아무것도 없어서 구걸할 수밖에 없는 상태를 뜻합니다.

또 하나의 뜻이 있는데, 그것은 '무언가를 이룰 수 있는 능력이 하나도 없다'는 뜻입니다. 능력이 제로라는 것이지요. 이런 사람들을 요즘 말로 바꾸면, '루저'(loser)가 됩니다. 끝장난 사람들, 소망이 없는 사람들입니다.

그런데 생뚱맞게도 산상수훈은 이들을 복이 있다고 합니다. 왜요? 현세를 초월한 천국의 원리가 적용되었기 때문입니다. 그래서 그들은 진짜 복 있는 사람이 되었습니다. 심령이 가난한 자들은 천국을 이미 선물로 받았습니다. 그들이 하나님과 함께하기 때문에 하나님이 소유하고 계신 천국을 공유하게 된 것입니다.

여기서 유의해서 보아야 할 단어가 있습니다. '저희의 것이다'라는 구절입니다. 헬라어로 '저희의 것이다'는 '아우톤 에스틴'입니다. 이때 '에스틴'이라는 동사의 시제는 미래 시제가 아니라, 현재 시제입니다. 심령이 가난한 자들은 지금 천국을 소유했다는 뜻입니다. 마음이 가난할 대로 가난하지만 그들에게 현세의 문제는 사라져 버렸습니다. 영원히 누리는 천국의 부요가 현세의 문제를 덮어 버렸기 때문입니다. 무한대로 누릴 부요가 점 같은 현재의 문제를 제로로 만들어 버린 것입니다.

재미있게도 심령의 루저들은 하나님과 함께할 수밖에 없습니다. 자기 혼자서는 아무것도 이룰 수 없기 때문입니다. 모든 것을 걸고 하나님과 함께하려고 합니다. 그러니 그가 있는 곳은 순식간에 천국으로 변합니다. 이런 메카니즘이 담겨 있는 설교가 진짜 천국 설교입니다. 천국과 세상이 융합된 진짜 설교입니다.

부자 청년이 예수님을 찾아 왔습니다.

예수께서 이르시되 네가 온전하고자 할진대 가서 네 소유를 팔아 가난한 자들에게 주라 그리하면 하늘에서 보화가 네게 있으리라 그리고 와서 나를 따르라 하시니 (마 19:21)

여러분, 여기서 예수님이 부자 청년에게 요구하신 것은 무엇인가요?

예수님의 요구는 초대에 응하라는 것이었습니다. 예수님은 부자 청년을 '천국으로 초대'하셨습니다. 지금 바로 경험할 수 있는 천국으로 초대하셨습니다. 그러나 부자 청년은 이중 국적의 삶을 살지 못했습니다. 그래서 그에게 이 요구는 너무나도 어려웠습니다. 예수님은 이 문제를 더욱 천국의 문제로 연결시키고자 하셨습니다.

예수께서 제자들에게 이르시되 내가 진실로 너희에게 이르노니 부자는 천국에 들어가기가 어려우니라 (마 19:23)

돈이라는 현세의 문제가 결코 현세만의 문제가 아니라는 것이지요. 돈은 현세의 도구이지만 동시에 천국의 원리가 적용되어야 하는 도구라는 것입니다. 현세는 하나님 나라의 일부이니까요.

여러분의 목사들은 어떻게 설교하고 있습니까?

혹시 여러분의 목사는 '천국의 원리'만으로는 이 세상을 살수 없다고 설교하지 않습니까? 잘 포장되어 있지만, 그 포장을 다 걷어내고 나면 천국의 원리로만은 안 되고, 다른 여러 가지 세상적인 방법들이 있어야만 된다고 역설하지는 않습니까?

만약 그렇다면 그 목사는 이중 국적자가 아닐 확률이 높습니다. 그가 아무리 목사라 하더라도 그는 현세 속에서 천국을 실제로 경험하지 못했을 것입니다. 진짜 목사는 현실을 몰라서가 아니라, 진정한 삶의 원리가 천국의 원리 속에 있다는 것을 이미 알고 있습니다. 그래서 천국에 속하지 못한 사람들이 볼 때는 말도 되지 않는 천국의 원리만을 계속해서 제시할 수밖에 없습니다. 그것이 하나님과 함께 현세를 지혜롭게 사는 유일한 방법이기 때문입니다. 진짜 목사는 끝까지 천국의 원리로 세상을 살아야 한다고 설득할 것입니다.

혹시 여러분의 목사가 현세 속에 있는 현실적 고난보다 천국을 사는 영광에 집중하여 설교하고 있습니까? 분명 현실적인 어려움이 있는데도, 그 고난을 애써 영광이라고 설교하는 목사가 있습니까? 당장 끼니가 없는데, 중요한 것은 하나님의 말씀을 우리 속에 가득 채우는 것이라고 설교하는 목사가 있습니까? 그 말씀이 우리를 배불릴 것이라고 설교를 하는 목사입니까?

만약 그의 삶과 그의 설교가 일치한다면, 그는 진짜 목사입니다. 현실적인 모든 문제를 알고 있으면서도 그는 이미 초현실적인 천국 시민이 되어 버렸기 때문에 그 모든 어려움이 영광으로 보이는 것입니다.

그러나 어떤 목사는 이렇게 설교합니다.

"여러분, 우리 아들도 좀 먹고 살 수는 있어야 하지 않겠습니까?"라고 울며 설교합니다. 너무 간절하게 말해서 많은 교인들이 속아 넘어가기도 합니다. 그러나 그의 설교는 가짜입니다.

이 목사에게 전 며느리가 있었습니다. 그 며느리는 국회의원이었습니다. 이분이 자신의 전 남편, 즉 이 목사의 아들에게 양육비 청구소송을 걸었습니다. 재판 결과, 그녀는 승소해서 그 아들로부터 매달 700만 원씩 양육비를 받게 되었습니다.

상식적으로 생각해 봅시다. 매달 700만 원을 양육비로 줄 수 있는 사람은 부자일까요, 가난한 사람일까요? 밥을 충분히 먹는 사람일까요, 굶주린 사람일까요? 답은 아실 것입니다.

이런 목사가 하는 설교는 어떨 것 같습니까?

천국의 원리만으로는 부족하다고 말합니다. 천국의 원리 말고 다른 무언가가 충만히 임해야 한다고 역설합니다. 물론 그의 설교는 영적인 것들로 잘 포장되어 있습니다. 그러나 그 포장을 조금만 벗겨내면 너무나도 보잘것없는 것이 드러날 것입니다.

"흔들고 흔들어, 쌓고 쌓아, 부어 부어 주십시오"라고 기도의 포문을 엽니다. "하나님의 곳간에는 쌓인 것이 많습니다. 여러분이 구하지 않아서 그렇지, 하나님께 달라고 달라고 부르짖어 보십시오. 하나님은 매달리고, 떼 쓰는 사람에게 더 많이 주실 것입니다. 믿으십니까?"라고 설교합니다. 하나님을 모르고, 현세에서 천국을 누리지 못하는 목사는 돈을 사랑할 수밖에 없습니다.

하나님은 무턱대고 주시는 분이 아닙니다. 아이가 달콤한 것을 너무 좋아해서 계속 달콤한 것을 달라고 한다면, 부모는 어떻게 해야 하겠습니까? 오히려 아이를 야단칩니다. 엄청 혼낼 수도 있습니다. 그렇게 하지 않으면 아이의 건강이 망가지기 때문입니다. 만약 달라는 대로 주는 부모가 있다면, 그 부모는 제대로 된 부모가 아닙니다. 육체적으로 낳았다 해도 그들은 부모 자격이 없습니다. 하나님은 우리의 진짜 아버지입니다. 터무니없는 것을 요구한다면 야단도 치실 것이고, 그것이 아니라고 가르치실 것입니다. 천국의 원리로 기도할 때까지 기다렸다가 가장 적당한 때에 가장 적합한 것을 주려 하실 것입니다.

여러분의 목사는 어떻게 설교하고 있습니까?

현세 속에 천국의 원리를 적용하는 설교를 하고 있습니까? 아니면 교회 공동체 속에 세상의 원리를 담으려 하고 있습니까?

죄인과 세리와 창녀의 친구

친구를 보면 그 사람을 알 수 있다고 합니다. 그렇다면 예수
님이 주로 어울렸던 사람들은 누구였을까요?

> 인자는 와서 먹고 마시매 말하기를 보라 먹기를 탐하고 포도주를 즐
> 기는 사람이요 세리와 죄인의 친구로다 하니 지혜는 그 행한 일로 인
> 하여 옳다 함을 얻느니라 (마 11:19)

굉장히 재미있죠? 격에 맞지 않잖아요. 거룩하신 하나님이
어찌 이런 죄인들과 함께하실 수 있다는 겁니까? 어찌 그들을 친
구로 두실 수 있단 말입니까? 있을 수 없는 일입니다. 인간적으로
봐도 랍비라는 사람이 이런 더러운 사람들과 함께해서는 안 되는
것이죠. 이런 사람들과 함께 자리에 앉는다는 것 자체가 온 랍비들
의 수치요 하나님을 모독하는 일입니다.

그런데 예수님은 공개적으로, 자신은 죄인들의 친구라고 선언하셨습니다. 얼마나 큰 파장이 있을 것인지 잘 아시면서도, 조금도 망설임이 없으셨습니다. 예수님은 죄인들의 친구로 이 땅에 오셨기 때문입니다. 오히려 죄인들의 친구가 되기를 강렬히 원하셨습니다. 그래서 예수님의 친구들은 정말 낮은 자들이 많았습니다. 그들은 어부들이었고, 고아와 과부, 세리와 창녀, 문둥병자들이었습니다.(문둥병을 한센병이라고도 쓸 수 있지만 그냥 쓰겠습니다.)

아직도 이게 얼마나 말이 되지 않는 일인지 감이 안 오는 분들이 있으실 것입니다.

세리가 어떤 사람인지 아십니까?

'돈 독'이 오른 사람입니다. '돈 귀신'이 달라붙은 사람입니다. 상종도 못할 나쁜 사람입니다. 이것을 이해하기 위해서 우리는 로마시대의 세금징수 방법을 살펴보아야 합니다. 로마시대의 세금 집행은 지금과 다릅니다. 로마 정부는 미리 일 년치 세금을 세리들에게 일시불로 받아갑니다. 그리고 세리들에게 알아서 백성들에게 세금을 걷을 수 있는 권한을 줍니다. 그러니까 일 년 동안 세리는 마음대로 백성들에게 세금을 징수할 수 있었다는 겁니다.

로마에 미리 낸 금액의 30퍼센트를 징수하든, 50퍼센트를 징수하든, 70퍼센트를 징수하든 세리가 알아서 하는 겁니다. 포악한 사채업자들 아시죠? 여러분은 그들이 돈을 못 갚은 사람들에게 어떤 식으로 대하는지 아실 겁니다. 세리들은 악한 사채업자들보다 더 했으면 더 했지, 절대 덜 하지는 않은 사람들입니다. 이런 사람들과 여러분의 목사님이 친구입니다. 괜찮으시겠습니까? 이렇게

질 떨어지는 인간 쓰레기들과 친구인데도, 여러분은 그래도 정말 괜찮겠습니까?

예수님의 사역에는 어떤 영향을 끼쳤겠습니까?

당연히 악영향을 끼쳤습니다.

누가복음 19장에 가면, 삭개오 이야기가 나옵니다. 삭개오는 '세리장'입니다. 이 사람은 '돈 독 오른 사람의 최고봉'입니다. 예수님은 굳이 이 사람 집에 가서 식사를 하고 하룻밤을 보내십니다. 사람들의 반응이 어땠을 것 같습니까?

> 뭇 사람이 보고 수군거려 이르되 저가 죄인의 집에 유하러 들어갔도다 하더라 (눅 19:7)

여기서 "뭇 사람"은 '어떤'이라고도 볼 수 있겠지만, 대부분의 사람들 즉 일반적인 견해라고 보는 것이 맞습니다. 굳이 삭개오의 집까지 가지 않아도 되는데, 예수님이 그 일을 감행하신 것이죠.

그럼, 예수님이 삭개오에게 굳이 가신 까닭은 뭐였을까요? 맛난 밥 얻어먹으려고요? 부자 친구 만들려고요?

> 예수께서 이르시되 오늘 구원이 이 집에 이르렀으니 이 사람도 아브라함의 자손임이로다
> 인자가 온 것은 잃어버린 자를 찾아 구원하려 함이니라 (눅 19:9-10)

예수님이 보여 주고 싶으셨던 것은 구원받는 백성의 모습이

었습니다. 구원받은 백성은 겉모양이 정해져 있는 것이 아니라는 것을 보여 주고 싶으셨습니다. 인간이 얼마나 악한 중에 구원을 받는지도 보여 주고 싶으셨는지도 모르겠습니다. 이 사건은 예수님이 이 땅에 오신 분명한 목적을 보여 주신 일이라 할 수 있습니다. 하나님의 잃어버린 백성을 찾기 위해서는 자신의 명예나 자신의 불편함을 던져 버릴 수 있습니다. 이것이 양떼를 돌보는 진정한 목자의 모습입니다. 좀더 예수님의 모습을 들여다봅시다.

> 예수께 말하되 선생이여 이 여자가 간음하다가 현장에서 잡혔나이다
>
> (요 8:4)

예수님은 율법, 즉 성경과 싸우셨습니다. 왜입니까? 간음 중에 잡힌 여자를 위해서 그러셨습니다. 성경과 싸웠다는 것은 하늘의 하나님과 싸웠다는 이야기입니다.(이 하나님은 인간이 마음속에 잘못 만들어진 하나님 이미지를 뜻합니다.) 율법에서 간음 중에 잡힌 사람은 돌로 쳐죽여야 하는데, 예수님은 그렇게 하지 않으셨습니다. 자기만 하지 않은 것이 아니라, 정의를 실천하려던 다른 사람까지 못하게 하셨습니다. 물론 사람들은 예수님의 논리를 이기지 못했습니다.

"죄 없는 자가 돌로 치라."

법의 집행은 꼭 죄 없는 자라야만 하는 것은 아닙니다. 그러나 사람들은 예수님의 카리스마와 논리에 눌려, 아무도 돌로 그 죄인을 칠 수가 없었습니다. 나중에 예수님은 그 여인을 자유롭게 보내 주셨습니다.

그렇다면 이 일은 예수님의 사역에 도움이 되었을까요? 방해가 되었을까요? 물론 죄인들에게는 추앙을 받았겠지만, 소위 대중적 지지를 받기는 어려웠을 것입니다. 그러나 예수님은 상관하지 않으셨습니다. 간음 중에 붙잡혀 벌벌 떨고 있는 죄인에게 자유를 선포해 주는 것이 중요했기 때문입니다. 당연히 온갖 소문이 넘쳐났을 것입니다. 염문도 나돌았을 것입니다. 그러나 예수님은 그 여인에 대해서 적극적으로 행동하셨습니다. 그 추한 여자와 친한 관계가 되는 데 거리낌이 없으셨습니다. 당연한 것 아니겠습니까! 그 약하고 악한 영혼을 사랑하셨으니까요.

베다니의 친구 나사로와 마르다와 마리아는 어땠을까요? 가난한 이들이 예수님께 무슨 도움이 되었을까요?

마르다는 준비하는 일이 많아 마음이 분주한지라 예수께 나아가 이르되 주여 내 동생이 나 혼자 일하게 두는 것을 생각하지 아니하시나이까 그를 명하사 나를 도와주라 하소서 (눅 10:40)

예수님은 예루살렘에 들르실 때마다 가까운 베다니에 가셨고, 마르다가 자동적으로 분주했던 것을 보면, 잔치를 꼭 그 집에서 했던 것 같습니다. 잔치를 하면 그들이 배불리 먹을 수 있으니 이왕이면 거기서 잔치를 하며 사람들과 말씀을 나누었습니다.

예수님도 육체적으로 힘드시고 고생도 많이 하시는데, 좀 괜찮은 회당장의 집이나 세리장의 집에 가서 큰 거실에 앉아 괜찮은 셰프가 하는 요리 정도 드시면서 말씀을 전하셔도 괜찮지 않았을까요? 찌질하게 정리(情理)가 뭐라고 굳이 쓰러져 가는 나사로의 집에 가서야 했을까요? 예수님을 따르던 사람들 중 여러 사람들이 공식적으로 불만을 표출했을 수도 있습니다.

"주님, 이런 식으로 사역하시면 저소득층에게만 국한됩니다. 좀 더 지경을 넓혀야 합니다. 한 번 이미지가 고정된다는 것이 얼마나 무서운지 아십니까?"

여러분의 목사의 친구들은 누구입니까?

목사와 예약하지 않아도 바로 만날 수 있는 사람들은 누구입니까?

담임목사가 장례식 집례를 해주고, 결혼식 주례를 해주는 사람들은 누구입니까?

페이스북에 글 올리면, 목사가 '좋아요'를 눌러 주고, 답 달아 주는 사람들은 어떤 사람들입니까?

어떤 대형교회 목사는 친구를 잘 두어서, 친구가 건설회사 사장이라 큰 교회당을 지어 주었다고 합니다. 그래서 그 큰 교회당 때문에 엄청나게 많은 사람들이 몰려들었다고 합니다.

어떤 목사는 유학을 가는데, 친구들을 잘 두어서 모든 후원금을 지원받았다고 합니다. 어떤 목사는 자기 소원이 강남의 대형교회 부목사가 되는 것이라고 했습니다. 그래서 줄까지 댄다고 합니다. 장례나 결혼 예식을 집례하면 큰 걸로 두 장을 준다고 하는 말까지 했습니다. 그래서 한 5~7년 정도 사역하고 나면 아파트가 생긴다고요. 정말 괜찮은 친구들 아닙니까?

여러분의 목사의 친구는 누구입니까?

가난한 사람이 목사의 친구입니까?

교인들에게 따돌림을 받는 왕따들이 목사의 친구들입니까?

외식(外飾)하는 가짜 목사

양복을 입고 잠에 드는 목사가 있다는 것을 들어본 적 있으십니까?

수염을 한 쪽만 깎고 자는 목사 이야기는 들어보셨습니까?

지금부터 약 70~100년 전의 목사들 이야기입니다.

양복을 입고 잔 목사는 주님 앞에 항상 단정한 모습으로 살고자 하는 마음이 너무나도 강렬해서 잠에 들 때도 양복을 입고 잤다고 합니다. 지금 생각하면 어떻게 이런 일이 있었을까 생각하겠지만, 당시의 순수한 신앙과 유교적 문화가 융합되어 만들어진 모습이라는 생각이 듭니다.

수염을 반쪽만 깎고 잔 목사는 주일을 지키기 위해서 그렇게 했다고 합니다. 요즘같이 주일 성수를 우습게 아는 시절에는 정말 상상도 안 되는 일이죠. 이 목사는 밤늦게까지 설교 준비를 하다가 시간이 토요일에서 주일로 넘어가는 자정이 가까웠다는 것을 알게 되었습니다. 급하게 내일 새벽기도를 위해 수염을 깎았지만, 시간이 그만 자정을 넘기고 말았습니다. 목사는 더 이상 수염을 깎을 수 없었습니다. 더 수염을 깎으면 주일을 범하는 것이니까요. 그래서 수염을 반만 깎고 나머지 한 쪽은 그냥 놔둔 채 잠을 잤습니다. 물론 만들어 낸 이야기일 수도 있지만 사실일 확률이 높은 이야기일 것입니다.

이런 이야기들을 하면, 많은 다른 교단에서는 그런 것들은 다 외식(外飾)이라고 말합니다. "아니, 하나님이 그런 것 하나 용납하시지 않겠는가?"라는 것이죠. 물론 하나님은 충분히 그런 것을 용납하시는 분입니다. 그러나 중요한 것은 중심입니다. 그 선배 목사들의 행동이 투박하다 해도 그들의 중심이 정말 하나님을 향하고 있다면 우리는 쉽게 그들을 비난할 수 없습니다.

그래서 우리는 그 목사들의 행동에 대해 더 깊이 관찰해 볼 필요가 있습니다. 정확한 판단을 위해서, 그들의 행동들이 남기는 힌트들을 모아야 합니다. 힌트들을 모으다 보면, 그것이 외식인지 진심인지 보다 정확하게 판단할 수 있을 것입니다.

다시 양복을 입고 잠들었던 목사의 이야기로 돌아가 봅시다. 어느 날 그 사모가 어떤 사정 때문에 양복을 손질할 수 없었습니다. 그래서 목사는 양복을 입고 잘 수 없었습니다. 목사는 사모에게 "당신 때문에 내가 하나님께 경건할 수 없다"고 말하면서 불같이 화를 냈습니다. 하나님께 경건한 모습을 보여야 하는데 사모 때문에 그럴 수 없었던 것이죠.

그러면 이런 행동은 우리에게 어떤 힌트를 줍니까? 정작 아내를 사랑하지는 못했다는 것을 알게 합니다. 하나님이 주신 새 계명, 이웃 사랑을 실천하지 못한 것입니다. 겉모습을 꾸미려는 노력은 가상하나, 하나님이 어떤 것을 더 중요하게 여기실까요? 제 생각에는 아내 사랑하는 것을 훨씬 중요하게 생각하실 것 같습니다. 그러니 그 목사의 행동은 외식일 확률이 높아진 것입니다.

또 이런 극단적인 경우도 있을 수 있습니다. 주일 자정이 지나서 아이가 불덩이가 된 것을 발견했습니다. 해열제가 없으니 당연히 병원에 가야 합니다. 그런데 아빠인 목사는 주일에 멀리 있는 병원에 가는 것이 교인들 눈에 주일을 어기는 일로 보일까 염려했습니다. 그래서 아이가 많이 아픈데도 불구하고 교인들의 눈이 무서워서 아이를 고통 속에 내버려 두었습니다. 그러다가 끝내 죽기라도 했다고 합시다. 그러면 이것은 정말 무서운 외식일 수밖에 없습니다. 교인들의 눈을 지나치게 의식했기 때문입니다.

이와 같이 외식은 분명한 증거들을 남기게 됩니다. 재밌게도 그 행동이 외식이라면, 외식을 행하는 과정에서 하나님의 계명을 명백히 어기는 과정이 나오게 됩니다. 그래서 우리는 분명히 판단할 수 있습니다.

> 그러므로 구제할 때에 외식하는 자가 사람에게서 영광을 받으려고 회당과 거리에서 하는 것 같이 너희 앞에 나팔을 불지 말라 진실로 너희에게 이르노니 그들은 자기 상을 이미 받았느니라 (마 6:2)
> 또 너희는 기도할 때에 외식하는 자와 같이 하지 말라 그들은 사람에게 보이려고 회당과 큰 거리 어귀에 서서 기도하기를 좋아하느니라 내

가 진실로 너희에게 이르노니 그들은 자기 상을 이미 받았느니라 ^(마 6:5) 금식할 때에 너희는 외식하는 자들과 같이 슬픈 기색을 보이지 말라 그들은 금식하는 것을 사람에게 보이려고 얼굴을 흉하게 하느니라 내가 진실로 너희에게 이르노니 그들은 자기 상을 이미 받았느니라 ^(마 6:16)

여러분은 이 세 구절이 저주라는 것을 아십니까? "자기 상을 이미 받았느니라" 하는 말이 무서운 저주라는 것을 알고 있으십니까?

'자기 상을 이미 받았다'는 말은 하나님과 아무 상관이 없는 사람들이 되었다는 뜻입니다. 하나님 없이도 자신의 목적을 이루었기 때문입니다. 그래서 무서운 저주가 됩니다. 그렇다면 예수님은 왜 이토록 외식에 대해서 무섭게 저주하고 계실까요?

가장 큰 이유는 외식이 구원의 핵심을 보지 못하게 하기 때문입니다. 구원은 하나님에게서 나오는데, 외식은 하나님을 없는 분으로 취급하게 만듭니다. 오직 인간에게만 집중하게 하죠. 사람이 주는 칭찬에만 집중하게 합니다. 그래서 외식은 구원을 주시는 하나님과 결별하게 만듭니다. 결국 그 사람은 구원 자체를 얻을 수 없습니다.

사람이 목사에게 주는 상은 참 매력이 있습니다. 특히 '존경'이라는 상을 주면 정말 좋아합니다. 순수한 목사들에게는 '존경'은 아주 중요한 상입니다. 명예니까요. 순수한 목사이니 명예를 얻는 것은 물질의 보상과는 차원이 다르다고 생각합니다.

"우리 목사님은 달라. 정말 달라."

이 유혹은 정말로 감미롭습니다. 교인들이 존경해 주는 그 상이 너무나도 탐이 납니다. 그래서 하나님을 먼저 의식하기보다는 주위에 교인들의 눈이 있는지를 먼저 살피게 됩니다.

> 외식하는 자여 먼저 네 눈 속에서 들보를 빼어라 그 후에야 밝히 보고 형제의 눈 속에서 티를 빼리라 (마 7:5)

외식하는 목사가 죄에 대해서 설교를 하게 되면 아주 무섭습니다. 그는 '먼저' 교인들을 치기 때문입니다. 이 '먼저'라는 말이 중요합니다. 진짜 목사는 교인들을 치는 잣대를 '먼저' 자신에게 향하게 합니다. 그래서 자기 속에 있는 들보와 목숨을 건 전쟁을 치릅니다. 하지만 가짜 목사는 자신의 내면을 깊이 성찰하지 않습니다. 그런 깊은 고민 없이 곧장 교인들에게 적용하기 때문에 무서울 수밖에 없습니다.

예를 들어, "거짓말하지 마십시오. 거짓말하는 것은 우리의 중심을 보시는 하나님을 무시하는 일입니다"라고 설교했다고 합시다. 그러면 진짜 목사는 이렇게 설교합니다.

"저는 어제 저를 되돌아보았습니다. 참 괴로웠습니다. 저도 거짓말을 했더군요. 이러저러한 거짓말을 했습니다. 잘 분석해 보니, 습관적으로 하는 거짓말도 있고, 불리해서 하는 거짓말도 있고, 귀찮아서 하는 거짓말도 있었습니다. 그런데 하나님께서 제게 이런 말씀을 하시는 겁니다. '○○야, 너는 내가 네 마음을 볼 수 없다고 생각하니?' 이 말씀을 듣는데, 마음이 녹아내리는 겁니다. '아, 내가 정말 하나님을 무시하고 있었구나. 내가 하나님을 없는 분으로 생각하고 있었구나'라고 깨닫게 되었습니다. 이 죄가 얼마나 큰지 어젯밤에 정말 많이 울었습니다. 그리고 다시는 죄를 짓지 않기 위해서 최선을 다하겠다고 하나님께 기도드렸습니다. 여러분도, 혹시 제가 거짓말하는 게 있으면 가감 없이 알려 주십시오. 제가 먼저 하나님께 회개하고 고치겠습니다. 혹 여러분이 저를 지적했다고 해서 여러분을 미워하게 된다면, '목사가 뭐 그래요? 그 정도밖에 안 돼요?'라고 말해 주십시오. 그러면 하나님께서 기뻐하실 것입니다. 여러분, 이제 여러분도 거짓말하지 마십시오. 이것은 단순히 거짓말했다는 것 이상의 죄가 됩니다. 왜냐하면 우리가 하나님의 살아 계심을 무시한 것이기 때문입니다."

하지만 외식하는 목사는 깊은 곳을 터치하지 못합니다. 거짓말의 근원을 볼 수 없을뿐더러, 근본적인 해결책도 제시할 수 없습니다. 자신의 내면을 먼저 깊이 성찰하지 않았는데 어떻게 본질을 볼 수 있겠습니까. 그래서 항상 남의 모습에만 집중하게 됩니다. 그냥 겉으로 드러난 거짓말의 현상들과 결과들만 나열합니다. 본질을 놓치고 지엽적인 것을 보게 하죠. 결국은 자기도 망하고, 교인들도 망하게 합니다.

진짜 목사는 본인이 강해서가 아니라, 성령과 함께하기 때문에 강한 사람입니다. 그래서 힘들고 아파도 먼저 자기를 되돌아봅니다. 늘 절대선이신 하나님 앞에 서는 어려움을 경험합니다. 그래서 누구보다 인간의 약함과 악함을 잘 압니다. 그렇지만 동시에 하나님의 뜻을 전하는 사람이기에 아프지만 하나님의 말씀을 있는 그대로 전합니다. 교인들이 얼마나 아플지 알지만 최선을 다해서 그들 눈의 티끌을 제거하도록 도와줍니다.

> 당신의 제자들이 어찌하여 장로들의 전통을 범하나이까 떡 먹을 때
> 에 손을 씻지 아니하나이다
> 대답하여 이르시되 너희는 어찌하여 너희의 전통으로 하나님의 계명
> 을 범하느냐 (마 15:2-3)

바리새인들은 예수님의 제자들이 식사할 때 손을 씻지 않아서 불편했습니다. 제자들이 율법을 어겼기 때문입니다. 그래서 바리새인들은 시비를 걸었습니다.

이 내용을 정확히 이해하기 위해서는 '탈무드'에 대해서 알아야 합니다. 일반적으로 사람들은 탈무드를 교훈이 담긴 이야기책 정도로 생각할 것입니다. 하지만 실제로는 하나님의 율법인 '토라'의 세부 시행령이라고 보시면 됩니다. '토라'를 사람들이 쉽게 적용할 수 있도록 만든 책인 것이죠. 탈무드의 제1부를 '미쉬나'라고 합니다. '미쉬나'는 정교하게 짜여진 율법의 시행령입니다. 이 '미쉬나'가 얼마나 정교하냐면, 안식일에 해서는 안 되는 일만 39가지나 됩니다. 안식일에는 39가지 일을 하면 안 되는 겁니다. 숨이 탁 막히죠. 그런데 반대로 생각해 보면, 39개 말고는 다 해도 된다는 말과 같습니다. 그래서 세부법이 많다는 것은 그 법의 원래 정신이 잘 지켜지지 않는다는 말과 같습니다. 잘만 빠져 나가면 온갖 일을 다 할 수 있는 것입니다. 또한 정말 열심 있는 사람들에게는 39개 정도를 지키는 것은 일도 아닙니다.

문제는 무엇이겠습니까?

이런 세부 시행령을 열심히 지키게 될 때, 사람들은 율법의 기본정신을 잊고 만다는 것입니다. 그래서 결과적으로 하나님이 정작 원하시는 것을 하지 못하게 되는 비극을 맞게 됩니다.

> 하나님이 이르셨으되 네 부모를 공경하라 하시고 또 아버지나 어머니를 비방하는 자는 반드시 죽임을 당하리라 하셨거늘
> 너희는 이르되 누구든지 아버지에게나 어머니에게 말하기를 내가 드려 유익하게 할 것이 하나님께 드림이 되었다고 하기만 하면
> 그 부모를 공경할 것이 없다 하여 너희의 전통으로 하나님의 말씀을 폐하는도다 (마 15:4-6)

하나님의 십계명은 마음을 다해 부모를 공경하라는 것에 초점을 맞추고 있습니다. 이것이 율법의 기본 정신입니다. 그런데 시행령을 열심히 좇다 보면, 부모 공경이라는 중요한 정신은 온데간데없어집니다. 심지어 편법까지 이용하게 되고 자기 합리화에 빠지게 됩니다. "아, 내가 이미 하나님께 드렸기 때문에 이제 부모님께 드릴 것이 없습니다"라고 말하면서, 실제로는 부모님을 나 몰라라 하게 됩니다. 물론 가책을 받을 일도 없습니다. 이 얼마나 무서운 외식입니까. 인륜을 저버리고도 죄의식을 갖지 않게 되니 말입니다.

또 재미있는 외식도 있습니다. 그러나 결과는 똑같이 무섭습니다. 우리나라 교회가 좋아하는 것이 새벽기도입니다. 특새(특별새벽기도)를 유별나게 좋아합니다. 예전에는 21일 특새를 많이 했습

니다. 그런데 어느 순간 릭 워렌 목사의 《목적이 이끄는 삶》에 감명을 받고, 40일 특별새벽기도라는 붐이 일기도 했습니다. 릭 워렌 목사의 '새들백교회'에서는 결코 하지 않는 40일 새벽기도회를 한국에서는 유행처럼 시행했습니다.

특새를 마치고 나면, 뭐만 남는지 아십니까?

개근과 정죄가 남습니다.

개근한 사람들을 상 줍니다. 그리고 참석하지 못한 사람들은 이유를 불문하고, 이상하게도 정죄의 대상이 됩니다. 이유야 어찌되었든 참석을 안 했으니 믿음이 없다는 것이죠.

21일 특새를 개근한 사람들은 뭔가 이루었다는 벅찬 감격에 잠시 성령 충만이 임한 것으로 착각하는 경우가 많습니다. 그런데 그것은 진짜 성령 충만이 아닐 확률이 높습니다. 제 경험으로는 그렇습니다. 그냥 뭔가를 이룬 겁니다. 아마도 성취감에서 오는 자기만족감일 것입니다. 그래서 그렇게 힘든 특새를 마치고도, 얼마 가지 않아 뭔가 시험 든 느낌이 드는 것도 이런 이유에서입니다.

40일 특새를 마친 사람은 더 놀라운 만족감을 느끼겠죠? 당연합니다. 대단한 일을 했으니까요. 그러나 잘 살펴보아야 합니다. 정말 그 힘든 특새를 마친 결과로, 자신의 삶의 목적이 하나님을 향하게 되었는지 살펴보아야 합니다. 만약 자신의 삶의 목적이 하나님을 향하는 데 실패했다면 그 특새는 본질을 놓친 외식의 결과일 확률이 높습니다.

외식은 정말 허망한 것입니다. 껍데기만 남고 참내용은 잡아보지도 못하게 하니까요. 이런 허망한 외식을 조장하고, 외식이라도 해야 한다고 주장하는 목사들이 있습니다. 그들은 예수님이 그 토록 비난했던 바리새인들과 같은 사람들입니다.

진짜 목사는 정말 힘들어도 본질을 보게 합니다. 그리고 본질에 집중하게 합니다. 진짜 목사라면 본질을 놓치는 순간, 그 사역을 잠시 멈출 것입니다. 그리고 처음부터 무엇이 잘못되었는지 성도들과 깊은 대화를 하여 하나님이 주신 본질에 다가가려고 최선을 다할 것입니다. 진짜 목사는 성도들과 함께 기도하면서 진짜 하나님의 나라를 만들어가는 데 모든 힘을 집중할 것입니다.

> 또한 지도자라 칭함을 받지 말라 너희의 지도자는 한 분이시니 곧 그리스도시니라
> 너희 중에 큰 자는 너희를 섬기는 자가 되어야 하리라
> 누구든지 자기를 높이는 자는 낮아지고 누구든지 자기를 낮추는 자는 높아지리라 (마 23:10-12)

목사는 처음부터 추앙받을 권리가 없습니다. 목사는 충성된 무익한 종이기 때문입니다. 목사를 통해 오직 그리스도 예수만이 추앙받아야 하고, 오직 하나님께만 영광이 돌아가야 합니다.

> 이와 같이 너희도 명령 받은 것을 다 행한 후에 이르기를 우리는 무익한 종이라 우리의 하여야 할 일을 한 것뿐이라 할지니라 (눅 17:10)

하지만 가짜 목사들은 자신이 추앙받기를 열망합니다. "우리

목사님, 우리 목사님" 하며 사람들이 띄워 주는 것을 정말 좋아합니다. "목사님, 이쪽으로 앉으세요", "여기는 목사님 자립니다. 목사님 드실 거니까 따로 마련해 주세요" 이런 말을 들으면 아주 좋아합니다.

무익한 종은 다른 종들과 같이 먹습니다. 무익한 종들과 겸상합니다. 양떼를 다 먹이고 나중에 종들끼리 서서 먹습니다. 그게 원래 종의 모습입니다. 예수님도 죄인들과 같이 드시고 같이 주무셨는데, 무익한 종이 무슨 특별한 대우를 좋아합니까? 있을 수 없는 일입니다.

앞에 나온 마태복음 23장 12절의 핵심은 무엇입니까?

하나님의 개입입니다.

하나님은 진정으로 겸손한 사람에게 직접 개입하셔서 그를 높여 주십니다. 이게 핵심이고 무익한 종인 목사가 받을 비밀스러운 영광입니다. 그러나 외식하는 목사는 하나님께 상을 받을 때까지 참지 못합니다. 아니, 하나님의 상은 우습기 때문에, 눈에 빨리 띄는 사람의 상을 받기를 강렬히 원합니다. 그러나 겸손한 목사는 자기를 높이는 교인들을 야단칩니다. "높여야 할 분은 제가 아니라, 오직 한 분 예수님이십니다"라고 외치며 교인들을 야단칩니다.

> 화 있을진저 눈 먼 인도자여 너희가 말하되 누구든지 성전으로 맹세하면 아무 일 없거니와 성전의 금으로 맹세하면 지킬지라 하는도다
>
> (마 23:16)

여러분, 마태복음 23장을 처음부터 끝까지 여러 번 정성 들여서 읽어 보십시오. 예수님께서 외식에 대해서 얼마나 무섭게 비판하고 계신지 알 수 있습니다. 또한 외식하는 지도자들에게는 저주를 퍼붓고 있다는 것을 쉽게 아실 수 있을 것입니다.

가짜 목사들은 "물질이 있는 곳에 마음도 있다"는 말로 외식을 가르칩니다. 원래 예수님의 이 말씀은 '진정 너희의 마음은 천국에 있느냐' 라고 심각하게 묻는 말씀이었습니다. 그런데 가짜 목사들은 이것을 변질시켜 눈에 보이도록 큰 헌금을 요구합니다. 가능하면 그 헌금이 누가 봐도 크다는 것을 알 수 있을 정도였으면 좋겠다고 말합니다. 두 렙돈을 넣은 여인을 예로 들면서, 가산(家産)의 모든 돈을 낸 사람들도 있다고 강조합니다. 마치 돈의 크기가 크면 클수록 더 믿음이 좋은 것으로 힘을 싣습니다.

그런데 사실 이것은 거짓입니다. 하나님은 돈의 크기에 관심이 없으십니다. 하나님은 그 사람의 진짜 마음에 관심이 있으십니다. 온 마음을 다하여 하나님을 사랑하는 예쁜 마음을 기뻐하십니다.

온 마음을 다하는 사람은 결과적으로 어떤 모습을 보이겠습니까? 자연스럽게 가장 큰 헌금을 드립니다. 왜냐하면 자신의 모든 것이 하나님의 것임을 잘 알고 있기 때문입니다. 그래서 진짜 목사는 헌금을 이야기하기 전에, 교인들에게 "당신들의 모든 마음을 하나님께 내어 놓으십시오"라고 설교할 것입니다. 그것이 헌금의 본질이기 때문입니다. 본질보다 앞서는 모든 것은 외식이고, 외식으로 갈 가능성이 높습니다.

화 있을진저 외식하는 서기관들과 바리새인들이여 잔과 대접의 겉은 깨끗이 하되 그 안에는 탐욕과 방탕으로 가득하게 하는도다 (마 23:25)

이렇게 자기의 중심이 썩은 목사들, 외식으로 점철된 목사들이 어떤 결과를 맞게 되는지 예수님은 다시 한 번 강조하십니다.

뱀들아 독사의 새끼들아 너희가 어떻게 지옥의 판결을 피하겠느냐 (마 23:33)

엄히 때리고 외식하는 자가 받는 벌에 처하리니 거기서 슬피 울며 이를 갈리라 (마 24:51)

지옥에 갈 거라고 말씀하고 있습니다. 외식하는 자는 마지막 날에 천국에서 쫓겨나 슬피 울 것이라고 하십니다. 가장 중요한 순간에 하나님으로부터 버림을 받을 것이라 하십니다.

그런데 문제가 또 있습니다. 이렇게 외식하는 목사들을 가만두게 되면, 그들의 말을 따랐던 모든 사람들에게도 심각한 문제가 생깁니다. 그 목사들 때문에 교인들도 지옥에 가게 됩니다. 무서운 일이지요. 절대 잊지 마십시오.

화 있을진저 외식하는 서기관들과 바리새인들이여 너희는 교인 한 사람을 얻기 위하여 바다와 육지를 두루 다니다가 생기면 너희보다 배나 더 지옥 자식이 되게 하는도다 (마 23:15)

가짜 목사를 따른 것뿐인데 교인들까지 지옥에 가게 됩니다. 억울해도 어쩔 수 없습니다.

"잘못은 그들이 더 많이 했는데, 나는 그 목사 말만 들었을 뿐인데… 왜 내가 지옥에 가야 돼?!"

이렇게 말할 때는 늦어도 너무 늦습니다. 우리는 어떤 목사가 외식하는 목사이고, 외식을 조장하는 목사인지 구별해 내야 합니다. 그래야 하나님의 교회를 바로 세울 수 있습니다. 또한 자신도 천국에 갈 수 있습니다.

만약 여러분의 목사가 외식을 하고 있다면, 여러분이 그의 외식을 그만두게 해야 합니다. 외식을 그만두게 할 수 있는 유일한 사람은 진짜 성도뿐입니다. 진짜 성도는 외식하는 목사에게 "목사님, 그렇게 사시면 하나님이 슬퍼하십니다"라고 말할 수 있습니다.

물론 목사를 정죄할 때는 지혜롭게 해야 합니다. 혼자서 하지 마시고 여러 사람이 오랫동안 기도하고 여러 차례 권고하는 것이 맞습니다. 아니면 믿을 만한 노회 목사님들의 조언을 듣고 행동하시는 것도 좋습니다. 그러나 외식하는 목사를 그냥 두어서는 절대로 안 됩니다. 심할 경우에는 합당한 절차를 통해서 물러나도록 해야 합니다.

나아오는 자를 금하는
가짜 목사

여러분은 여러분 담임목사의 집에 가보셨습니까?

담임목사의 집에서 식사를 해보셨습니까?

담임목사의 집이 어딘지는 아십니까?

어떤 담임목사는 자기 비서만 집 주소를 안다고 합니다. 아주 친하다는 부목사들도 자기 담임목사의 집을 알지 못한다고 합니다. 물론 전화번호도 모른다고 합니다.

어떤 담임목사는 교인들에게 사생활이 노출되는 것이 싫다고, 교회로부터 약 한 시간 떨어진 거리에 사택을 마련했다고 합니다.

어떤 목사는 보디가드를 채용했다고 합니다. 자기를 싫어하는 교인들이 자신을 위협할까 봐 그렇게 한 것입니다. 그래서 하나님의 보호와 함께, 강력한 보디가드의 보호까지 받고 있습니다. 물론 목사의 손이라도 꼭 잡아 보고 싶은 교인들도 목사에게 가까이 갈 수 없습니다. 한 번의 위로를 받고 싶은 교인들도 어림없습니다.

그 목사에게 접근하는 것은 거의 불가능하다고 볼 수 있습니다. 아마도 보이지 않는 하나님을 만나는 것보다 어려울지도 모릅니다.

그렇다면 예수님은 어떠셨을까요?

> 이에 시몬 베드로가 칼을 가졌는데 그것을 빼어 대제사장의 종을 쳐서 오른편 귀를 베어버리니 그 종의 이름은 말고라
> 예수께서 베드로더러 이르시되 칼을 칼집에 꽂으라 아버지께서 주신 잔을 내가 마시지 아니하겠느냐 하시니라
> 이에 군대와 천부장과 유대인의 아랫사람들이 예수를 잡아 결박하여 먼저 안나스에게로 끌고 가니 안나스는 그 해의 대제사장인 가야바의 장인이라 (요 18:10-13)

위 본문은 예수님이 겟세마네 동산에서 마지막 기도를 마치시고, 가룟 유다가 데리고 온 병사들에게 잡히시는 장면입니다. 이 병사들에게 잡혀 가면 아무 죄도 없이 재판에 넘겨지는 상황입니다. 하지만 예수님은 그들을 금하지 않으셨습니다. 육신의 생명이 위협받는 상황이었지만 오직 하나님의 계획하심을 먼저 생각하셨습니다. 그래서 자신의 목숨을 위협하는 자들까지 받아주셨습니다.

교인들 중에는 사기꾼도 있고, 술주정뱅이도 있을 수 있습니다. 칼을 들고 올 수도 있겠지요. 그러나 목사라는 직업에 정말 보디가드가 필요한가 하는 근본적인 의문을 던집니다. 무엇을 지키기 위해서 목사가 목숨을 지켜야 할까요? 어떤 일이 벌어지든 하나님의 일은 합력하여 하나님의 선한 뜻대로 흘러갑니다.

만약 목사가 억울하게 매를 맞고, 부상을 당하고, 심지어 목숨이 끊어진다면, 그것에는 하나님의 특별한 계획하심이 있는 것입니다. 하나님의 나라와 교회를 위해 죽어야 하는 시점이 아니라면, 혹은 말씀을 이루기 위해서, 그 자리를 모면하는 것이 지혜로운 처신일 수 있습니다. 하지만 자기 목숨을 잃을까 두려워서, 또는 찾아오는 사람이 귀찮아서 사람을 금하는 일은 없어야 합니다.

> 이 때로부터 예수 그리스도께서 자기가 예루살렘에 올라가 장로들과 대제사장들과 서기관들에게 많은 고난을 받고 죽임을 당하고 제삼일에 살아나야 할 것을 제자들에게 비로소 나타내시니
> 베드로가 예수를 붙들고 항변하여 이르되 주여 그리 마옵소서 이 일이 결코 주에게 미치지 아니하리이다
> 예수께서 돌이키시며 베드로에게 이르시되 사탄아 내 뒤로 물러 가라 너는 나를 넘어지게 하는 자로다 네가 하나님의 일을 생각하지 아니하고 도리어 사람의 일을 생각하는도다 하시고
> 이에 예수께서 제자들에게 이르시되 누구든지 나를 따라오려거든 자기를 부인하고 자기 십자가를 지고 나를 따를 것이니라 (마 16:21-24)

예수님은 자신을 찾아오는 사람을 한 번도 막으신 적이 없습니다. 심지어 자신의 생명을 노리는 사람들까지도, 그들이 자신의 생명을 노린다는 것을 아심에도 불구하고 그들을 받아주셨습니다.

> 부활이 없다 하는 사두개인들이 그 날 예수께 와서 물어 이르되

선생님이여 모세가 일렀으되 사람이 만일 자식이 없이 죽으면 그 동생이 그 아내에게 장가 들어 형을 위하여 상속자를 세울지니라 하였나이다 (마 22:23-24)

예수님은 처음부터 예수님의 견해에는 관심도 없는 사람들을 받아주셨습니다. 부활에는 전혀 관심도 없는 사두개인들이 와서, 부활했을 때 일어날 상황에 대해서 예수님께 물었습니다. 장난 치는 것도 아니고, 만인이 그들을 사두개인들로 다 알고 있는데 이게 뭐하는 짓입니까. 하지만 예수님은 그들을 차단하지 않으셨습니다.

예수께서 이르시되 어린아이들을 용납하고 내게 오는 것을 금하지 말라 천국이 이런 사람의 것이니라 하시고 (마 19:14)

여러분의 목사에게 어린아이들이 늘 찾아옵니까?

아이들의 부모가 아이들을 데리고 목사에게 기도 받으러 옵니까? 그리고 아이들은 목사에게 용납받고 있습니까?

예수님은 어린아이들을 귀찮은 존재로 생각하지 않으셨습니다. 귀한 존재로 생각하셨습니다. 그래서 그들을 용납해 주고 오히려 그들을 가로막은 제자들을 꾸짖으셨습니다. 왜냐하면 어린이는 천국 시민의 자격을 눈으로 볼 수 있게 해주는 존재들이기 때문입니다.

이르시되 진실로 너희에게 이르노니 너희가 돌이켜 어린아이들과 같이 되지 아니하면 결단코 천국에 들어가지 못하리라

그러므로 누구든지 이 어린아이와 같이 자기를 낮추는 사람이 천국
에서 큰 자니라 (마 18:3-4)

예수님은 이미 마태복음 18장에서 천국에 가는 조건을 말씀
하셨습니다. 어린아이들과 같이 되어야 천국에 갈 수 있다는 것입
니다. 어린아이와 같다는 것은 바로 자기를 낮추는 자세를 말합니
다. 자기를 낮춘다는 의미는 창조주 앞에서 피조물의 모습을 갖춘
다는 의미입니다. 또한 예수님을 참메시아로 받아들인다는 의미
입니다. 그래서 예수님은 어린아이들을 적극적으로 받아주셨고,
제자들에게도 그들을 금하지 말고 받아주라고 명령하셨습니다.

그런데 현대 교회를 보십시오. 또한 현대 교회 속에서 목사들
이 어린아이들을 대하는 모습을 보십시오. 어떻습니까? 예수님과
같이 어린아이들을 귀하게 대하고 있습니까? 목사들이 그들을 구
원 사역의 표상으로 삼고 있는지 잘 관찰해 보셔야 합니다. 목사들
은 대부분 어린이들에게 큰 비중을 두지 않습니다. 그냥 그들을 곁
다리로 여깁니다. 어른 성도들을 사역하기 위한 수단쯤으로 말입
니다. 그 이유 중 큰 것이 돈이 아닌가 생각합니다.

어린아이들은 돈이 되지 않습니다. 오히려 큰 돈이 들어가는
골치덩어리죠. 그들을 양육하기 위해서는 그들만의 공간이 필요
합니다. 사역자도 필요하고. 투자 대비 이윤 창출이 어렵습니다.
단기 투자수익을 좋아하는 우리나라 정서상 맞지 않는 투자수익
모델입니다. 그래서 늘 어린아이들은 변두리에 있습니다. 아마도
어린아이들이 '이 교회의 핵심'이라고 생각하는 사람은 거의 없을

것입니다.

하지만 예수님은 어린아이들을 통해 천국 시민의 모습을 보여 주셨습니다. 이것은 어린이들에 대한 사역은 놓치지 말아야 할 핵심 사역이라는 것을 보여 주는 것입니다. 만약 일반 교인들이 돈덩어리 사역인 어린이 사역을 줄이자고 해도, 목사는 그것을 반대하여 예수님의 정신을 계승하려고 노력해야 합니다. 그러나 많은 목사들이 어린아이들을 무시하고 있습니다. 과거 예수님 때의 제사장들과 똑같이 하고 있습니다.

> 대제사장들과 서기관들이 예수께서 하시는 이상한 일과 또 성전에서
> 소리 질러 호산나 다윗의 자손이여 하는 어린이들을 보고 노하여
> 예수께 말하되 그들이 하는 말을 듣느냐 예수께서 이르시되 그렇다
> 어린 아기와 젖먹이들의 입에서 나오는 찬미를 온전하게 하셨나이다
> 함을 너희가 읽어 본 일이 없느냐 하시고 (마 21:15-16)

대제사장들과 서기관들은 어린아이들의 이야기를 귀하게 생각하지 않았습니다. 어린아이들은 자신들과 같은 정확한 가치 판단을 할 수 없는 존재라고 미리 판단했기 때문입니다. 그러나 진리를 볼 수 있는 마음은 겸손한 마음입니다. 겸손은 선입견을 막아 줍니다. 어린아이들은 아는 것이 많지 않기 때문에 선입견이 적고 그래서 겸손할 수 있습니다. 그 겸손이 진리를 순수하게 받아들일 수 있게 합니다.

여러분의 자녀들은, 여러분의 교회 아이들은 목사에게 자연

스럽게 나아갑니까? 목사에게 축복 받는 일이 흔합니까?

> 그러나 인자가 세상에서 죄를 사하는 권능이 있는 줄을 너희로 알게
> 하려 하노라 하시고 중풍병자에게 말씀하시되 일어나 네 침상을 가
> 지고 집으로 가라 하시니 (마 9:6)

무례한 사람들이 있었습니다. 예수님이 사람들과 함께 사역을 하고 있는데 지붕을 뚫고 들어왔습니다. 교양이 없는 사람들입니다. 그런데 재미있는 것은 예수님이 그들을 야단치지 않으셨다는 것입니다.

그리고 예수님은 그렇게 들어오게 된 병자에게 이상한 말을 하십니다.

"네 죄를 사한다."

사람들은 놀랐습니다. 그 병자도 놀랐습니다.

사람들은 예수님의 어처구니없는 말에 놀랐고, 병자는 인생의 가장 무거운 문제가 풀려서 놀랐습니다. 자기는 그때까지 '내가 무슨 죄를 지어서 이렇게 아플까?' 생각했을 것이기 때문입니다.

지금도 그렇고 과거에도 그렇고, 병자들이 단순히 육체적인 병자만은 아닙니다. 거의 대부분은 마음의 병이 있습니다. 특히 예수님께 나아온 병자들은 거의 대부분 불치병이나 오래된 병을 가진 사람들이었습니다. 그러니 그들의 마음이 어땠을 것 같습니까? 너덜너덜해져 있었을 것입니다.

예수님은 그들을 다 받아주셨습니다. 육체적인 병도 낫게 하

시고, 그들의 상한 마음도 낫게 하셨습니다.

지금은 어떨까요?

이제 육체적인 병은 병원으로 많이 갑니다. 그러나 마음의 병을 가진 사람들은 여전히 많습니다. 어떻게 보면, 과거보다 훨씬 더 많은지도 모릅니다.

여러분의 목사는 마음의 병이 있는 사람들을 어떻게 대해 줍니까? 그들의 상한 마음을 받아 주고, 그들에게 오랜 시간을 들여 만나 줍니까? 아니면 안 만날 수 없어서 건성으로 그들을 만납니까?

여러분, 마음이 상한 사람들은 어떻게 생각하면 이상한 사람들입니다. 말에 가시가 있고, 생각하는 것이 비뚤어져 있습니다. 그래서 그들과 함께한다는 것 자체가 사실은 고역입니다. 하지만 그들에게는 의사가 필요합니다. 최종 의사는 예수님이시고, 성령님이십니다. 하지만 예수님과 성령님께 나아갈 수 있도록 힘을 다해 도와주어야 하는 사람은 바로 목사입니다. 귀찮고 힘들고 다른 교인들로부터 오해를 받을 수 있음에도 불구하고, 마음이 상한 사람들과 오랜 시간을 보내야 합니다. 하지만 돈이 되지 않는, 시간 낭비 같은 그 상담 시간을 우습게 여기는 목사는 소자에게 연자맷돌을 지우고 바다로 던지는 가짜 목사입니다.

마지막으로 다른 여러 경우도 있겠지만, 결혼식과 장례식을 유심히 살펴보십시오. 담임목사들이 누구의 장례식과 결혼식에 가서 예식을 집례하는지 잘 보십시오. 좀 큰 교회 목사들은 교구 담당목사들이 그런 예식을 집례하도록 합니다. 그런데 예외들이 있습니다. 장로님의 가족 결혼식이나 장례식에는 담임목사가 직접 집례합니다.

> 새벽 아직도 밝기 전에 예수께서 일어나 나가 한적한 곳으로 가사 거기서 기도하시더니
> 시몬과 및 그와 함께 있는 자들이 예수의 뒤를 따라가
> 만나서 이르되 모든 사람이 주를 찾나이다 (막 1:35-37)

예수님은 어떤 일상을 보내셨을까요? 아주 바쁜 일상을 보내셨습니다. 위에 나오는 마가복음 1장의 내용은 그 전날의 일부터 시작되어야 합니다. 전날 저녁에 병자들이 예수님께 몰려왔습니다. 그래서 아주 밤늦게까지 병자들을 고치시는 사역을 하고 새벽이 되어서야 예수님은 기도하기 위해서 한적한 곳을 찾아갈 수 있었습니다. 그때서야 자신의 독립된 공간을 찾을 수 있었습니다.

하지만 이내 제자들은 예수님을 찾아왔습니다. 제자들이 자발적으로 예수님을 찾아나선 것이 아닙니다. 사람들이 새벽부터 예수님을 찾아대서 하는 수 없이 제자들은 예수님을 찾아갔습니다.

예수님도 육신을 가지고 있는데 좀 쉬셔야 하지 않겠습니까?

예수님도 독립된 공간을 가지셔야 하지 않겠습니까?

당연히 예수님도 다음 사역을 위해서 쉼이 필요하십니다. 그러나 거의 쉬지 못하셨습니다. 물론 예수님의 사역이 특수해서 그런 면도 있습니다. 예수님의 사역은 매우 단기적이었죠. 삼 년이라는 기한이 정해진 사역이었습니다. 그러니까 그 짧은 기간에 혼신

의 힘을 쏟아부으셨을 것입니다. 그리고 예수님은 독신이셨습니다. 그래서 보다 자유롭게 자신의 영역을 개방할 수 있었을 것입니다. 하지만 육신을 가진 예수님은 충분히 자신의 쉼과 자신의 독립적 공간을 주장하실 수도 있었습니다. 그러나 복음서 어디에도 그런 주장을 하시지 않았습니다. 스스로 포기하셨습니다.

우리가 먹고 마실 권리가 없겠느냐

우리가 다른 사도들과 주의 형제들과 게바와 같이 믿음의 자매 된 아내를 데리고 다닐 권리가 없겠느냐

어찌 나와 바나바만 일하지 아니할 권리가 없겠느냐 (고전 9:4-6)

예수님만 이 권리를 포기하신 것이 아닙니다. 초기 목사들도 스스로 포기했습니다. 바울의 말처럼 목사를 대표하는 사도들에게도 자신들의 권리가 있고, 자신만의 독립된 공간도 필요합니다. 특히 그들 대부분은 기혼자들이었습니다. 그러니 자연스럽게 가정이라는 독립성이 보장되어야 하는 경우도 있었을 것입니다. 그러나 그들은 많은 것을 스스로 자제하고 포기했습니다. 아마도 그들은 가정의 모든 권리를 챙기면서 사역할 수는 없었을 것입니다.

현대 목사들도 마찬가지여야 합니다. 개인적으로 생각할 때, 사모와 목사의 자녀들은 목사와 똑같은 사명을 받았다고 할 수 없을 것입니다. 그러나 그들의 삶과 공간과 권리가 상당히 침해받을 수밖에 없습니다. 그래서 목사는 참으로 힘들겠지만 가족들에게 자신의 사역을 충분히 설명하고, 정말 미안한 마음으로 양해를 구

해야 합니다. 나아가서는 가족들을 같은 사역의 자리로 초대해야 할 것입니다. 가족들이 온전히 목사의 말에 따라와 주면 좋겠지만, 혹시 그렇지 못한다 하더라도 목사는 어쩔 수 없이 스스로 가족들의 공간을 많은 부분 열 수밖에 없습니다. 쉽지 않은 일입니다. 그리고 참으로 지혜롭게 해야 하는 부분입니다. 하지만 양들의 참목자로서 스스로 포기해야 하는 부분입니다.

내일의 설교가 참으로 중요할 것입니다. 그것을 준비하는 시간도 중요합니다. 내일 새벽기도 설교도 중요하고, 주일설교 준비도 중요합니다. 하지만 설교 준비에 방해가 된다고, 교인들과 교회의 다른 목사들이 담임목사의 집을 몰라야 한다면, 오직 비서만 그 집을 알고 있다면, 그 목사가 어찌 교인들을 사랑한다고 할 수 있겠습니까?

그 곳 사람들이 예수이신 줄을 알고 그 근방에 두루 통지하여 모든 병든 자를 예수께 데리고 와서 (마 14:35)
여자가 와서 예수께 절하며 이르되 주여 저를 도우소서 (마 15:25)

사람들은 예수님께 "와서" 말할 수 있었습니다.

교인들은 목사의 연구실과 집을 드나들 수 있어야 합니다. 당연히 그 가족들은 방해를 받을 것입니다. 사생활에 문제가 있을 수도 있습니다. 그러나 교인들은 자주 목사를 만날 수 있어야 합니다. 목사 집에 찾아갈 수 있을 정도로 친근할수록 좋습니다.

"목사님을 너무 방해하지 맙시다"라는 말은 교인들 속에서 나와야 합니다. 정말 목사가 사랑으로 교인들을 받아주면, 목사를 진정으로 사랑하는 다른 교인들이 그들을 막아 세울 것입니다.

여러분의 목사는 어떻습니까? 여러분을 자주 만나 줍니까? 너무 자주 만나다 보니, 오히려 목사의 가족들이 목사를 만나기 위해서 예약을 해야 합니까?

> 그 때에 예수의 어머니와 동생들이 와서 밖에 서서 사람을 보내어 예수를 부르니 (막 3:31)

예수님의 가족들도 예수님 보기가 참으로 어려웠습니다. 예수님은 교인들로 둘러싸여 있었으니까요.

돈을 사랑하지 않는 목사

한 사람이 두 주인을 섬기지 못할 것이니 혹 이를 미워하고 저를 사랑하거나 혹 이를 중히 여기고 저를 경히 여김이라 너희가 하나님과 재물을 겸하여 섬기지 못하느니라 (마 6:24)

이 본문은 무척 흥미로운 구절입니다. '재물'과 '하나님'을 동격으로 두고 있지요. 이것은 하나님이 스스로 자신을 격하시키신 것입니다. 자신이 만든 피조물도 아니고, 피조물이 만든 피조물인 돈의 권능과 창조주 하나님의 권능을 동일선상에 두고 있습니다. 저는 이것을 인정하기 싫은데 사실입니다. 물론 하나님도 인정하기 싫으시겠지만 "나를 택할래? 돈을 택할래?" 하고 묻고 있으신 겁니다.

자, 이런 하나님의 질문에 최소한 목사라는 사람들은 뭘 택해야 할까요? 당연히 하나님을 택해야 합니다.

제가 전도사 시절에 동기 전도사가 저에게 해준 이야기입니다. 동기 전도사는 너무 부끄러워서 차마 말을 못하겠다고 운을 띄웠습니다. 자기 담임목사가 성가대 가운 대금 중 일부를 횡령했다고 했습니다. 그런데 더 놀라운 것은 이런 일이 한두 번이 아니었다는 것입니다. 하지만 교인들은 그때마다 눈감아 주었다는 것이죠. 다른 목사들은 더 많이, 더 자주 돈을 가로채는데 우리 목사는 그것에 비하면 훨씬 낫다는 이유에서였습니다. 저는 그 말을 듣고 마음이 찢어졌습니다. 전도사 때는 의분(義憤)이 많잖아요? 너무나도 마음이 아팠습니다. 지금은 이런 목사들이 상당수 있다는 것을 알고 마음이 더 찢어집니다. 어떻게 해야 할까요?

여기서 숫자놀이를 좀 해봅시다. 지금 시세로 성가대 가운은 35,000원 정도 합니다. 그 교회는 작은 교회였는데, 그래도 40명 정도 되는 성가대라고 생각해 봅시다. 그러면 목사가 10퍼센트 정도 커미션을 취했다고 생각하면, 3,500원×40명 = 14만 원입니다. 20퍼센트를 챙겼다 해도 28만 원입니다.

제가 말하려는 것은 이 돈이 적은 돈이라는 것입니다. 그 목사의 월 사례가 70만 원이든, 120만 원이든, 그가 먹고 살기가 정말 힘들든, 가족 4명이 어떤 꼴로 살고 있든, 28만 원은 너무나도 적은 돈입니다.(저는 지금 가난하게 사는 목사들을 생각하며 울고 있습니다.) 이 적은 돈과 거룩한 목사의 직을 맞바꾼다는 것은 있을 수 없습니다. 만약 교회가 교회 규모에 비해 사례를 적게 주었다면 교회와 싸워야 합니다. 만약 하나님이 그에게 사례를 적게 준 것이라 생각되면 하나님과 싸워야지, 그 적은 성가대 가운 커미션에 손을 대서는 안 되는 일입니다. 목사는 돈을 섬기는 사람이 아니기 때문입니다.

사실 제가 흥분하고 화가 나는 이유가 하나 더 있습니다. 그런 목사를 봐주는 교인들 때문입니다. 어떻게 그런 일을 알면서도 가만히 있을 수 있습니까? "더 나쁜 목사가 얼마나 많은데"라고 말하면서 그냥 그 목사와 함께 있을 수는 없습니다. 절대 안 될 일입니다. 그들은 하나님을 경외하는 성도들이 아닙니다. 그들은 가짜 목사를 봐준 일로 인해 큰 벌을 받을 것입니다. 하나님을 무시한 것이기 때문입니다.

그런 부정을 스스로 저지르는 사람이 교인들을 하나님의 거룩한 길로 인도할 리가 없습니다. 그런 부정한 목사를 따라가는 교인들도 결코 천국의 길을 가고자 하는 사람들이라 할 수 없습니다.

공사비 7억을 가지고 사라진 목사 이야기도 있습니다. 건축 헌금 30억을 가지고 필리핀으로 날아간 목사 이야기도 있습니다. 아들이 하는 스포츠 용품 가게에서만 모든 스포츠 용품을 조달하는 목사 이야기도 있습니다.

돈을 겸하여 섬기는 목사는 돈만 섬기는 '돈 귀신들'과 다를 바가 없습니다. 그 목사들은 돈을 섬기는 자들입니다. 하나님을 섬기는 주의 종이 아닙니다.

어떤 목사는 선교지로 떠나면서 6억을 요구했습니다. 그 교회 자산이 20억이 조금 넘었는데, 6억을 받아서 나갔다고 합니다. 그러면 그 교회는 상당 기간 동안 그 돈을 갚는 데 애를 써야 합니다. 그 후임 목사는 또 얼마나 힘이 들겠습니까? 과연 이런 목사들이 하나님의 교회를 사랑하는 목사라 말할 수 있겠습니까?

2011년 8월 11일자 〈미디어오늘〉 인터넷판에 의하면, 우리나라 어느 대형교회 목사는 은퇴 후 5년 동안 640억을 받았다고 합니다. 이게 과연 정당한 돈일까요? 교회가 정말 정당한 은퇴금을 목사에게 지급했다고 볼 수 있을까요? 정확히 알 수는 없지만, 그가 자선사업이나 기부로 그 돈을 사용하였다는 흔적은 없습니다.

> 제자 중 하나로서 예수를 잡아 줄 가룟 유다가 말하되
> 이 향유를 어찌하여 삼백 데나리온에 팔아 가난한 자들에게 주지 아니하였느냐 하니
> 이렇게 말함은 가난한 자들을 생각함이 아니요 그는 도둑이라 돈 궤를 맡고 거기 넣는 것을 훔쳐감이러라 (요 12:4-6)

3부 '선택과 책임'에서 다룰 문제입니다만 잠시 언급하고 가겠습니다.

우리나라 대통령의 연봉이 얼마인 줄 아십니까?

2억 2천 6백만 원입니다.

그런데 대형교회 목사들 중에 연봉을 2억 2천만 원이 넘게 받는 사람들이 꽤 있습니다.

제가 왜 대통령을 기준으로 삼았냐면, 대통령이라는 직업은 여느 CEO들과는 다른 명예직이기 때문입니다. 목사도 마찬가지입니다. 목사는 돈을 벌기 위해 목사직을 수행하는 것이 아닙니다. 하나님의 거룩하신 부르심을 위해 하나님을 섬기고, 교인들을 섬기는 직입니다. 그런데 목사가 어떤 이유에서이건 대통령보다 많

은 연봉을 받는다는 것은 세상적인 기준으로 볼 때도 있을 수 없는 일입니다.

목사는 스스로 자신의 연봉을 적합하게 설정해야 합니다. 혹 교회가 잘 모르고, 세상적인 기준에 입각해 세운 연봉 체계라면 과감하게 새로운 기준을 제시해야 합니다. 또 교인들이 다른 교회들과 경쟁심에서, 다른 교회 목사보다 높은 연봉을 설정했다 하더라도 목사는 스스로 교인들에게 주의를 주고, 하나님이 기뻐하실 만한 사례를 책정해야 할 것입니다.

목사의 가족 구성원 인원수, 그리고 목회를 하는 지역마다 수준과 경우가 다 다릅니다. 그래서 목사의 모든 연봉이 일률적일 수는 없습니다. 하지만 최소한 목사의 사례에는 자본주의 논리가 적용되어서는 안 됩니다. 그러면 목사는 하나님보다 자본주의 논리를 섬길 수밖에 없습니다. 교회는 서로 깊이 있게 토론하고 목사와 의논하여, 경제적인 방해를 받지 않는 범위 내에서 하나님만을 섬기며 성도들을 보살필 수 있는 금액을 정해야 할 것입니다. 그리고 목사는 돈을 섬기지 않고, 하나님만 섬기는 사람이라는 것을 진심으로 보여 주는 삶을 살아야 할 것입니다. 교회와 목사가 서로 노력한다면 반드시 좋은 결과를 낼 수 있으리라 믿습니다.

좁은 문으로 들어가고
좁은 길을 제시하는 목사

좁은 문으로 들어가라 멸망으로 인도하는 문은 크고 그 길이 넓어 그
리로 들어가는 자가 많고
생명으로 인도하는 문은 좁고 길이 협착하여 찾는 이가 적음이라

(마 7:13-14)

일반적인 사람들은 이 문을 '좁은 문'이라고 합니다. 그러나
성령의 눈을 가진 사람은 그 문을 '생명의 문'이라고 부릅니다. 그
리고 절대 좁지 않다고 합니다. 하지만 일반적인 사람들, 즉 죄된
본성에 눌려 있는 사람들은 좁은 문에서 나오는 생명의 빛을 알아
채기가 무척 어렵습니다. 혹 그 문에서 생명으로 인도하는 빛이 나
온다는 것을 인식했어도 그냥 무시해 버립니다. 자기들이 원하는
것이 아니기 때문입니다.

좁은 문으로 들어가기를 힘쓰라 내가 너희에게 이르노니 들어가기를
구하여도 못하는 자가 많으리라
집 주인이 일어나 문을 한 번 닫은 후에 너희가 밖에 서서 문을 두드
리며 주여 열어 주소서 하면 그가 대답하여 이르되 나는 너희가 어디
에서 온 자인지 알지 못하노라 하리니 (눅 13:24-25)

예수님은 누가복음 13장에서 감정적으로까지 호소하고 계
십니다. '나는 너희들이 애를 쓰고, 힘을 썼으면 좋겠다. 그렇게 하
지 않으면 생명의 문이 닫힌 후에 정말 크게 후회할 것이다'라고
울부짖고 계십니다. 예수님이 차마 보고 있기가 안쓰러우신 겁니
다. 마음이 너무 아프십니다. 하지만 사람들에게 좁은 문으로 들어
간다는 것은 참으로 어려운 일입니다. 인간의 죄된 본성을 거스르
는 일이기 때문입니다.

그렇다면 사람들이 좁은 문으로 들어갈 수 있는 방법은 없을
까요?

유일한 방법은 눈을 바꾸는 것입니다. 성령의 눈으로 바꾸면
좁은 문은 넓은 문이 되고, 그 문에서 나오는 생명의 빛을 감지할
수 있게 됩니다. 성령의 도움이 절대적으로 필요한 것이지요. 성령
은 인간 속에 들어와 정욕의 눈을 억제합니다. 그리고 하나님의 눈
과 하나가 되도록 돕습니다. 그래서 성령과 충만히 결합된 사람은
'좁은 문'이 더 이상 좁은 문으로 느껴지지 않습니다. 오직 생명의
문으로만 보입니다. 그리고 자꾸 그 문으로 들어가려고 합니다. 너
무나 좋기 때문입니다.

결국 진짜 목사는 좁은 문이 넓은 문으로 바뀌는 것을 경험한 사람입니다. 성령에 충만하여 그 문에서 나오는 강렬한 생명의 빛을 발견한 사람입니다. 그는 그 문 뒤에서 생명이신 하나님과 같이 지내 보았습니다. 그 맛이 얼마나 달콤한지 압니다. 영원한 생명을 누리는 맛을 압니다. 그래서 진짜 목사는 한 사람이라도 더 좁은 문으로 인도하려고 안달합니다.

"여러분, 돈을 좇지 마십시오. 여러분의 필요를 이미 아시고, 후히 주시는 하나님을 좇으셔야 합니다."

목사가 만일 이렇게 외치면서 실제로 그렇게 산다면, 그는 분명 진짜 목사입니다. 실제로 그렇게 살 수 있다는 것은 하나님의 눈으로 볼 수 있다는 뜻입니다. 이 땅에서 살아가는 원동력도 돈이 아니라, 하나님이라는 것을 실제적으로 알기 때문입니다. 그래서 그는 모두가 웃으며 달려가는 대로(大路)로 다니지 않습니다. 돈의 길로 가지 않습니다. 모두가 좁은 길이라고 피하는 하나님의 대로로 즐겁게 나아갑니다.

죄된 본성이 발현된 이후, 인간은 자신의 욕심을 재물과 결합시키기 시작했습니다. 재물이 너무 안정적이고 절대적인 힘을 가진 것처럼 보였기 때문입니다. 시간이 지나면서 재물은 돈이라는 강력한 수단으로 거듭났고, 놀라운 힘을 갖게 되었습니다. 이 힘이 점점 자라서 현대 사회를 삼켜 버렸습니다. 이 영향력이 얼마나 강력한지 사람들은 자신들이 이 돈의 힘에 갇혀 있는 줄도 모를 정도가 되었습니다. 혹 그것을 안 사람들도 힘을 다해 돈의 손아귀에서 벗어나려고 하지 않습니다. 이미 대세는 기울었다고 판단했기 때문입니다.

> 돈을 사랑함이 일만 악의 뿌리가 되나니 이것을 사모하는 자들이 미혹을 받아 믿음에서 떠나 많은 근심으로써 자기를 찔렀도다 (딤전 6:10)

돈을 사랑하는 것이 왜 일만 악의 뿌리일까요?

그것은 참생명이신 하나님을 보지 못하게 하기 때문입니다. 하나님을 보지 못한다는 것은 결국 하나님과 분리된다는 뜻입니다. 하나님과 분리되면 당연히 죄의 상태에 들어가는 것입니다. 그리고 돈은 믿음도 죽입니다. 믿음이라는 것은, 보이지 않는 것을 보는 것입니다. 그런데 보이는 돈이 보이지 않는 하나님에 대한 '믿음'을 사라지게 하는 것이죠. 그래서 돈은 악의 근본이 맞습니다.

세상을 보십시오. 이미 대로는 자본주의입니다. 돈 중심 사회. 돈을 가장 높은 가치에 두었습니다. 하나님은 인간 중심의 사회를 만드셨는데, 돈 중심의 사회로 변질되어 버렸습니다. 돈은 권능이 되어 이제 죽은 자를 살리기까지 할지도 모릅니다. 그래서 이런 사회 속에서 "돈을 좇지 말고 하나님만을 좇아야 합니다. 하나님의 입에서 나오는 말씀으로 이 세상을 살아야 합니다. 그래야 영원한 생명의 길로 들어갈 수 있습니다"라고 외치는 것은 무지의 소치로 보입니다. 또한 그 소리의 힘이 너무나도 나약해 애처롭기까지 합니다. 좁은 길로 인도하는 목자는 아무것도 모르는 양들에게도 무시당하기 딱 좋습니다.

하지만 진짜 목사는 그 길을 계속해서 제시합니다. 세상에서 가장 미련하고 가장 나약한 방법을 취하라고 계속 말합니다. 왜냐하면 그는 이미 하나님을 보았기 때문입니다. 돈 위에서 지배하시는 보이지 않는 하나님의 위력을 보았기 때문에, 말도 안 되는 진리를 성도들에게 계속해서 선포할 수밖에 없습니다.

가짜 목사는 어떨까요?

눈에 보이는 것에 집중하게 합니다. '현실만을 보게 합니다.' 여기서 중요한 것은 현실'만'입니다. 우리 인간은 이 세상을 살아갑니다. 그러니까 자본주의 사회를 살아가야 합니다. 우리는 그 속에서 지혜롭게 자본을 사용해 가며 살아야 합니다. 하지만 자본'만'을 보게 하면 자본에 매몰되고 맙니다. 사실은 돈보다 훨씬 크신 하나님이 계신데 말입니다.

가짜 목사들은 철야기도회를 인도하면서 "주여, 주시옵소서. 부어 주시고, 흔들어 주시고, 가득가득 채워 주시옵소서"라고 외칩니다. 교인들이 다 들을 수 있도록 정확한 발음으로 부르짖으며 기도합니다. 그런데 이 기도는 눈에 보이게 채워지는 것에만 집중하게 합니다. 보이는 것이 전부라고 생각하게 만듭니다. 그러나 이것은 가짜 목사의 소원일 뿐이고, 진짜를 보지 못하는 교인들의 바라는 바입니다. 이 기도는 근본적인 답으로 인도하지 못합니다.

'내가 왜 가득가득 돈이 있어야 하지?'

'돈이 넘치도록 있으면 뭐가 좋은 거지?'에 대한 근본적인 답을 찾지는 못하게 합니다. 오직 돈의 많고 적음에만 집중하게 합니다. 누가복음 19장에 삭개오라는 사람이 나옵니다. 이 사람에게는 죽고 싶을 정도의 고통이 있었습니다. 삭개오는 자기 주위에 친구가 하나도 없었습니다. 여러분, 친구가 하나도 없다는 것이 인간에게 어떤 의미인지 아십니까? 살 의미가 없다는 말입니다.

원래 죄된 본성을 가진 인간은 스스로 구세주를 찾아가질 않습니다. 그러나 삭개오는 너무 고통스러웠습니다. 그래서 스스로 구세주를 찾아갔습니다. 우리가 여기서 잊지 말아야 할 것이 있습니다. 삭개오는 많은 돈을 가지고 있었다는 사실입니다. 돈이 정말 많았습니다. 그런데도 인생의 가장 근본적인 의문에 답을 얻지는 못했던 겁니다.

가짜 목사들은 이 삭개오의 깊고도 근본적인 고민을 보지 못하게 합니다. 넘치는 돈을 얻고 난 후에도 벗어던질 수 없는 고민에 대해서 볼 수 없게 합니다. 물론 사람은 일정한 정도의 돈이 필요합니다. 그 돈이 충족되기 전까지는 사는 데 힘든 부분이 있습니다.

하지만 진짜 목사라면 돈이 충족된 이후의 삶에 대해서 성도들이 깊이 생각할 수 있도록 도울 것입니다. 인간은 돈보다 훨씬 큰 삶의 문제들을 가지고 있습니다. 진정한 구원의 길은 이생에서 볼 수 있는 것들 너머에 있습니다. 진짜 목사는 이 근본적인 문제들에 대해 이미 답을 찾은 사람들입니다. 그래서 그는 끊임없이 성도들도 근본적인 것들에 집중할 수 있도록 돕습니다.

진짜 목사는 산상수훈을 자주 설교할 수밖에 없습니다.

"여러분, 심령이 쪼그라들어야 합니다. 삶이 어려워서 우셔야 합니다. 여러분에게 깊은 애통이 있습니까? 그것이 복입니다. 마음이 쪼그라드는 일을 통해 우리가 천국을 가질 수 있습니다. 진짜 깊은 슬픔이 있을 때 하나님의 위로가 들리기 시작합니다."

어떻게 보면 이렇게 무책임한 설교가 진짜 설교입니다. 진짜 목사는 이보다 더 무책임한 말도 할 수 있습니다. 이렇게 사는 것이 얼마나 어려운지를 아는지 모르는지 무책임한 설교를 쏟아냅니다.

> 의를 위하여 박해를 받은 자는 복이 있나니 천국이 그들의 것임이라
>
> 나로 말미암아 너희를 욕하고 박해하고 거짓으로 너희를 거슬러 모든 악한 말을 할 때에는 너희에게 복이 있나니
>
> 기뻐하고 즐거워하라 하늘에서 너희의 상이 큼이라 너희 전에 있던 선지자들도 이같이 박해하였느니라 (마 5:10-12)

'의를 위해 살고, 의를 이루며 살라'고 합니다. 의는 곧 하나님입니다. 공의이신 하나님을 위해 핍박을 받으라고 합니다. 그렇게 살면 하늘에서 상이 크다고 외칩니다. 보이지 않는 것들에 집중하며 살라는 말이지요. 좁은 길이 진정 생명으로 가는 길이라고 무한반복합니다.

그러나 가짜 목사는 좁은 길은 쉽게 말해 개죽음의 길이라고 말합니다. "사람이 먼저 살고 봐야지, 죽고 나서 무슨 소용이 있냐"고 힘주어 말합니다. 가짜 목사는 일반적인 사람이 보는 것 이상으로 볼 수 없기 때문에 그렇게 말하는 것입니다. 그는 눈에 보이지 않는 것을 본 적이 없습니다. 보았다면 육신의 죽음을 아까워하지 않을 것입니다. 하지만 가짜 목사는 그 길이 무섭기만 합니다. 그

가 생각하기에 개죽음이니까 그렇습니다.

"여러분, 형제 자매들을 보면서 미련하다고 말하지 마십시오. 그게 바로 살인하는 겁니다."

"여러분, 예쁜 자매들 보면서 이상한 생각 하지 마십시오. 하나님이 우리 바로 옆에 계십니다. 우리가 하나님을 위해서 거룩한 생각을 해야 하지 않겠습니까. 마음에 음욕을 제어하지 못하는 것도 간음한 것이나 똑같습니다."

"여러분, 돈을 사랑하는 것 때문에 하나님을 멀리하게 됩니까? 지금 당장 기부해 버리십시오. 공부하는 것 때문에 주일에 하나님을 섬기기가 어려우십니까? 공부 때려치우십시오. 눈에 보이기 때문에 여자를 음욕으로 보고 다니십니까? 평생 안대를 하고 사십시오. 자기 집을 마련해야 하기 때문에 하나님께 아무것도 내어놓을 수가 없습니까? 그럼 저와 함께 텐트에서 삽시다. 제가 좋은 텐트 사드리겠습니다. 왼 뺨을 맞았습니까? 웃으면서 오른 뺨도 대십시오. 아까 맞았던 것이 얼마나 아픈지 알 것이기 때문에, 더 아플 것입니다. 그런데 그렇게 하면 하나님이 기뻐하십니다. 그게 하나님의 뜻입니다. 그 길로 가면 그 길 끝에서 영원한 생명을 만날 수 있습니다."

진짜 목사, 진짜 안 되겠죠?

진짜 세상을 알기나 아는지….

진짜 목사는 다릅니다. 여러분이 느낄 수 있을 정도로 다릅니다. 좁은 길을 넓은 길 다니듯이 합니다. 우스운 일인 것 같은데 울고, 울어야 할 것 같은데 웃으며 삽니다. 마치 이상한 나라에서 온 사람처럼 삽니다. 그러나 진짜 목사를 따라가다 보면 그 좁던 길이 점점 넓어진다는 것을 느끼게 될 것입니다. 그리고 그 길에서 하나님을 자주 만나게 될 것입니다. 마지막 날에는 하나님과 함께 영원히 살게 될 것입니다.

좋은 열매―
성령의 9가지 열매를 맺는 목사

오직 성령의 열매는 사랑과 희락과 화평과 오래 참음과 자비와 양선과 충성과

온유와 절제니 이같은 것을 금지할 법이 없느니라

그리스도 예수의 사람들은 육체와 함께 그 정욕과 탐심을 십자가에 못 박았느니라

만일 우리가 성령으로 살면 또한 성령으로 행할지니

헛된 영광을 구하여 서로 노엽게 하거나 서로 투기하지 말지니라

(갈 5:22-26)

열매를 본다는 것은 즐거운 일입니다. 꽃을 보는 것보다 더 벅찬 일일지도 모릅니다.

진짜 목사도 열매를 맺을까요?

당연히 열매를 맺습니다. 성령의 9가지나 되는 열매를 맺습

니다. 물론 그 열매들은 누구나 볼 수 있습니다. 힘들여 겨우 알 수 있는 것이 아닙니다. 딱 보면 바로 알 수 있습니다. 열매는 숨어 있는 것이 아니라 밖으로 드러나기 때문입니다. 만약 성도들이 목사의 그 열매들을 본다면 정말 영광스러운 일입니다. 그리고 그들은 행복한 사람들입니다.

그러나 반대로 목사가 맺는 성령의 열매들을 볼 수 없다면, 혹은 그것들이 열매라고 말하기가 참으로 모호한 수준이라면, 성도들에게는 참으로 안타까운 일입니다. 그리고 그들은 불쌍한 사람들입니다. 이 세상과 저 세상에서 가장 불쌍한 사람들이 될 것입니다. 가짜 목사를 따른 허망한 사람들이 되기 때문입니다.

일반적으로 과실수는 적당한 시간이 지나면 열매를 맺습니다. 그러나 묘목을 심기만 한다고 바로 과실을 얻을 수 있는 것은 아닙니다. 시간이 필요합니다. 일반적으로 감의 경우는 5년 된 묘목을 심으면, 그해 가을에 한두 개 정도의 감이 열린다고 합니다. 그리고 15년 정도 지나면 제대로 된 나무가 되어 250~300개 정도의 감을 맺을 수 있다고 합니다.

좀 문제가 있겠지만, 이것을 목사에게 그대로 적용해 보려고 합니다. 일반적으로 목사가 30세 정도에 하나님의 부르심을 받고 신학교에 간다면 언제쯤 그에게서 제대로 된 성령의 열매를 볼 수 있겠습니까? 그로부터 약 15년 정도 지난 시점이 되겠죠? 그때가 되면 성도들은 목사의 제대로 된 열매를 볼 수 있을 것입니다.

15년이 지나면 목사는 45세가 되죠. 늦어도 목사가 50세 정도 되었을 때에는 성도들이 열매들을 볼 수 있어야 합니다. 상품

성 있는 300개의 풍성한 성령의 열매가 목사의 삶에 주렁주렁 열려야 한다는 말입니다.

사실 5년 정도 지나 갓 목사가 된 목사에게서도 열매는 볼 수 있습니다. 그것이 미약할지 몰라도 그 목사가 진짜인지 가짜인지 분별할 수 있을 정도의 열매는 열립니다. 물론 특별한 경우에는 이것을 전문가들만 감별할 수 있습니다. 하지만 일반적으로 대부분 누구나 알 수 있습니다.

> 그들의 열매로 그들을 알찌니 가시나무에서 포도를, 또는 엉겅퀴에서 무화과를 따겠느냐
> 이와 같이 좋은 나무마다 아름다운 열매를 맺고 못된 나무가 나쁜 열매를 맺나니
> 좋은 나무가 나쁜 열매를 맺을 수 없고 못된 나무가 아름다운 열매를 맺을 수 없느니라
> 아름다운 열매를 맺지 아니하는 나무마다 찍혀 불에 던져지느니라
> 이러므로 그들의 열매로 그들을 알리라 (마 7:16-20)

좋은 나무는 좋은 열매를 맺습니다. 아무리 개수가 적고 열매가 볼품이 없다 해도 열매를 맺기는 맺습니다. 여러 명의 목사들을 성실히 지켜본 성도들이라면 그 열매가 진짜 목사의 열매인지 아닌지 알 수 있습니다. 사실 전문가가 아니라 할지라도 감나무가 감을 맺었는지 사과를 맺었는지 정도는 알 수 있듯이 말입니다. 아무리 초신자라 해도 세상적 지식을 바탕으로 목사에 대해 관심을 쏟

는다면 자기 목사의 열매를 분별하는 데 큰 어려움은 없을 것입니다. 누구나 성령의 열매인지 아닌지는 구별해 낼 수 있습니다.

진짜 목사는 첫째로 '사랑'이라는 열매를 맺습니다. 사랑이 주렁주렁 열립니다. 진짜 목사는 사랑이 많습니다. 사랑을 흘려 보냅니다. 진짜 목사는 사랑같이 보이는 가짜 사랑을 주지 않습니다. 진짜 사랑만 줍니다. 그래서 그 사랑을 받는 사람은 그것을 깊이 느낄 수 있습니다.

물론 항상 깊은 사랑을 느끼게 할 수 있다면 참 좋을 것입니다. 혹 매번 깊은 사랑을 느낄 수 없을지도 모르겠습니다. 하지만 진짜 목사는 위기의 순간에 더 큰 사랑을 발산합니다. 성도가 어렵게 되면 진짜 목사는 확실한 사랑을 쏟아붇습니다.(성도가 죄를 지어 어려울 때는 좀 다를 수 있습니다.)

이리가 양을 덮칠 때, 삯군은 가장 먼저 도망갑니다. 그러나 진짜 목자는 자동반사적으로 이리에게 달려듭니다. 주위에서 그렇게 하면 죽는다고 해도 자기가 죽을 수 있다는 것을 잊습니다. 양만 생각합니다. 많이 사랑하기 때문입니다. 뛰어가서 이리의 입을 찢고 양을 구해냅니다. 자신의 목숨을 잃는다 해도 그 일을 해냅니다.

그러므로 여러분은 목사에게서 풍성한 사랑을 느껴야 합니다. 여러분이 가장 어려운 순간에 그 목사는 반드시 여러분을 사랑하고 있어야 합니다.

둘째, '희락'의 열매를 맺습니다. '희락'의 헬라어는 '카라'입니다. '카라'의 뜻은 '유쾌함'입니다. 목사는 유쾌한 사람이어야 합니다. 침울하거나, 항상 근엄하지 않습니다. 웃음이 있는 사람이고, 다른 사람에게 웃음을 전염시킵니다. 그래서 성도들은 그 목사와 함께하면 기분이 좋습니다.

여러분의 목사는 어떻습니까? 유쾌한 사람입니까?

여러분의 목사만 보면 괜히 기쁘고 즐겁습니까?

만약 그렇다면 여러분의 목사는 좋은 목사이고 진짜 목사일 확률이 높습니다. 그는 하나님을 닮았습니다. 하나님은 유쾌한 분이시기 때문입니다.

유쾌하다는 것은 '일부러 웃긴다'는 뜻이 아닙니다. 현대 목사들 중에는 설교를 코미디로 만드는 사람들이 있습니다. 물론 예수님도 무겁지 않게 하나님의 말씀을 전하셨습니다. 때로는 웃긴 풍자도 있었습니다. 그래서 사람들은 예수님이 설교할 때 많이 찾아왔습니다. 하지만 예수님은 굳이 웃기려고 하지는 않으셨습니다. 준엄한 설교를 할 때는 누구보다도 무겁게, 안타까운 설교를 할 때는 마음이 미어지게 설교하셨습니다. 그렇기 때문에 목사도 본문에 맞게, 분위기에 맞추어 설교해야 합니다.

목사가 유쾌하다는 것은 그의 삶이 유쾌하다는 뜻입니다. 특히 일반인들이 볼 때 유쾌할 수 없는 상황임에도 불구하고, 하나님으로부터 오는 기쁨으로 즐겁게 삽니다. 이미 그는 환경을 초월했습니다. 그는 천국의 삶을 살고 있습니다. 승리하신 하나님과 삶을 공유하고 있기 때문에 늘 마음이 평온합니다.

셋째, '화평'이라는 아름다운 열매입니다. 진짜 목사는 어떠한 부류의 사람들과도 평화롭게 지낼 수 있어야 합니다. 심지어 틀린 신학을 들고 공격하는 사람들에 대해서도 선제공격을 해서는 안 됩니다. 선제공격을 하지 않는다는 말은 그들을 미워하지 않는다는 뜻입니다. 일반 사람들이 볼 때, 결국에는 진짜 목사와 틀린 신학을 가진 사람들이 화평의 모습을 드러내지는 못할 수 있습니다. 하지만 진짜 목사는 끝까지 그들을 사랑하려고 노력합니다. 왜냐하면 성령의 열매 '화평'은 사랑에 기반을 둔 관계이기 때문입니다. 따라서 성도들은 목사가 적들과도 화평을 이루려고 최선을 다했다는 것을 충분히 알게 됩니다.

'화평'의 헬라어는 '에이레네'입니다. 이것은 세상이 알 수 없는 메시아적 평안을 말합니다. 환경을 초월한 평화로운 상태를 뜻합니다.

또 다른 뜻은 '하모니'(harmony)입니다. 하모니는 조화를 이루는 것을 말합니다. 사람들은 모두가 각자의 입장을 중요하게 생각합니다. 미성숙할수록 더 그렇습니다. 아이들을 보면 쉽게 알 수 있습니다. 하지만 거대한 힘 안에서 각자 다른 것들이 하나가 될 수 있습니다. 다르지만 조화를 이루어서 그렇습니다. '에이레네'는 조화를 이루어 서로가 평화로운 관계를 이루게 합니다.

진짜 목사는 이미 자기 속에 그리스도 예수로 인한, 세상이 알 수 없는 평안을 가졌습니다. 그래서 세상의 환경과 상관없이 평안의 상태를 교인들에게 드러냅니다. 이것은 교회 속에서도 그렇고, 세상 속에서도 그렇습니다.

교회 속에서 진짜 목사는 다양한 교인들을 조화롭게 만듭니다. 물론 시간이 필요합니다. 상당한 시간이 필요할지도 모릅니다. 그러나 어느 한 시점, 시간이 흐른 후에는 교회가 거대한 힘 안에서 하나가 되었다는 것을 느끼게 될 것입니다. 단순한 화합이 아닌 하나님의 원리 안에서 이루어 내는 조화를 경험할 수 있을 것입니다.

교회 안에는 다양한 사람들이 있습니다. 구원받은 성도부터, 미안하지만 아직 구원받지 못한 사람들까지 다양한 사람들이 존재합니다. 성격이 급한 사람들도 있고 차분한 사람들도 있습니다. 각자 교회로부터 취하고자 하는 이익도 다릅니다. 그래서 교회는 늘 어렵습니다.

하지만 목사는 그들 모두를 사랑합니다. 하나님이 맡긴 귀한 양들을 목숨을 걸고 사랑합니다. 그래서 어렵고 힘들어도 한 사람 한 사람에게 사랑을 보여 줍니다. 그리고 각자가 얼마나 소중한 사람들인지 알게 합니다. 그런 후에 서로 사랑해야 한다는 것을 가르칩니다. 저항이 있습니다. 초기에는 아주 강력한 저항이 있을 것입니다. 하지만 실천을 바탕으로 하는 사랑에는 무서운 힘이 있습니다. 그 사랑은 저항이 한계에 부딪히게 합니다. 성도들은 결국 목사가 자기들을 사랑해서 그런다는 것을 알게 됩니다. 그때 교회는 조화롭게 됩니다. 에이레네의 열매가 맺힌 것입니다.

물론 끝까지 안 될 수도 있습니다. 하나님의 말씀에 지배받지 않는 공동체는 교회일 수 없고 그들 안에 화평은 결국 이루어질 수 없습니다. 그들은 이름만 교회지 진짜 교회는 아닙니다. 적어도 하나님의 말씀을 귀하게 여기는 교인들로 구성된 교회라면 조화롭게 될 수 있습니다. 하나님 안에서 서로 사랑하는 화평의 공동체로 자랄 수 있습니다. 결국에 그 교회는 에이레네의 모습을 드러낼 것입니다. 목사 한 사람의 열매뿐 아니라, 공동체의 에이레네가 큰 나무가 되어 풍성한 열매를 맺을 것입니다. 세상도 이 열매들을 볼 수 있습니다. 너무 풍성해서, 보지 않으려고 해도 보일 수밖에 없습니다.

진짜 목사의 화평은 세상 속에서도 동일하게 나타납니다. 목사 역시 세상에서 사는 사람입니다. 그러나 대부분의 목사들을 보면, 세상 사람들과는 상관없이 사는 것같이 보이기도 합니다. 주로 대하는 사람들이 교인들이기에 그렇습니다. 기본적으로 교인들은 목사를 선대해 줍니다.

하지만 목사가 세상으로 나가려고 마음먹는 순간, 상황은 180도 바뀝니다. 세상은 거세게 목사를 배척할 것입니다. 그래서 사도 바울도 매질을 당하고, 옥에 갇히고, 돌에 맞았습니다.

목사가 달란트에 따라서 사회운동을 할 수도 있고, 일반적인 교회 사역을 통해서 세상으로 나아갈 수도 있습니다. 그들의 사역 방법이 어떠하든지 복음 전파의 방향은 세상입니다. 잃어버린 자들은 세상에 있기 때문입니다.

그래서 진짜 목사는 세상과 조화를 이룰 수 있는 길을 늘 모색합니다. 물론 하나님의 원리 속에서 조화를 이루어 내야 합니다. 이것은 시도 자체가 어려운 일입니다. 그리고 최종적으로 화평을 이룬다면 기적입니다. 만약 화평을 이루지 못한다 해도 그 과정에서, 진짜 목사는 세상에 대한 하나님의 사랑을 충분히 보여 줄 것이라 생각합니다. 그렇기 때문에 세상과 화평을 이루려는 노력 자체가 매우 소중한 것입니다.

진짜 목사는 고민합니다. 교회를 어떻게 디자인해서 세상과 조화를 이룰 것인가? 교인들을 어떻게 훈련시켜서 세상과 조화를 이룰 것인가? 깊이 고민하고 행동해야 합니다. 이 과정이 목사가 이루어야 할 에이레네, 즉 화평입니다. 이 노력은 반드시 성령의 아름다운 열매로 나타납니다.

넷째, '오래 참음'의 열매를 맺습니다. '오래 참음'도 사랑을 기반으로 합니다. 그리고 특징적인 것이 있는데, 이것은 평안에 기반을 두고 있습니다. '오래 참음'은 헬라어로 '마크로뒤미아'입니다. 이 단어는 고린도전서 13장 4절에 쓰인 '오래 참고'와 같은 단어입니다. 고린도전서 13장 4절에서는 동사형으로 쓰였고, 갈라디아서 5장 22절에서는 명사형으로 쓰였습니다.

'마크로뒤미아'는 재미있게도 평안한 상태를 나타내는 말입니다. 화가 나서 감정에 이끌리는 상태가 아니라, 화가 날 수 있는 상황에서도 감정을 평안하게 유지하는 것입니다. 그렇기 때문에 오래 참을 수 있습니다. 또한 '마크로뒤미아'에는 '당당함, 견고함, 꿋꿋함'이라는 뜻도 있습니다. 속이 단단한 거죠. 그래서 외부의 조건이 그 사람의 단단함을 쉽게 무너뜨리지 못합니다. 이 사람은 바람에 흩날리는 깃발같이 요리조리 흔들리지 않습니다. 이 같은 이유로 교인들을 사랑하며 오래 참아 줄 수 있습니다. 거대한 바위와 같이 흔들림 없이 사랑으로 오래 참아 주는 일을 할 수 있습니다.

그러나 가짜 목사들은 안달합니다.

"왜 이리도 안 바뀌는 거야? 이런 것 정도는 좀 해야 되는 것 아냐? 왜 이걸 안 해. 나 좋으라고 하는 거야?"

하나님을 믿지 못하기 때문에 평안하지 않습니다. 그래서 사랑할 수도 없습니다. 자기가 원하는 일이 안 될 것 같으니까 불안해서, 오래 참으며 사랑할 수 없는 겁니다.

오해를 받을 때도 마찬가지입니다. 물론 어떤 때는 적극적으로 해명해야 할 때가 있습니다. 하지만 기본적으로 오해는 시간이 가면 풀리기 마련입니다. 성도들이 목사와 오래 지내다 보면 그의 진정성을 자연스럽게 알게 되니까요. 싸우고 떠난 사람들도 충분한 시간이 지나면 알게 됩니다. '카더라통신'을 통해 그 목사의 사람됨과 영성이 멀리까지 전파되기 때문입니다.

하지만 많은 목사들이 그 기간을 참지 못합니다. 오직 참을 수 있는 목사는 하나님과 깊은 사랑의 관계를 유지하고 있는 목사뿐입니다. 하나님이 진정으로 자신을 사랑한다는 것을 알고 있기 때문에 오해를 받아도 마음이 평안합니다. 그래서 참고 사랑합니다. 심하게 오해한 사람을 품습니다. 심지어 오해를 키워 나가는 사람을 변호하기까지 합니다. 사람들이 빨리 변하지 않아도 오래 기다릴 수 있습니다.

다섯째, '자비'라는 열매도 맺습니다. 제가 생각하기에 '자비'라는 말은 우리말과 헬라어 사이에 가장 거리감이 있는 단어입니다. 우리말로 '자비'는 '사랑'에 가깝게 느껴집니다. 하지만 이 '자비'를 헬라어로 보면 우리가 생각하는 '사랑'과는 다르다는 것을 알 수 있습니다.

'자비'는 헬라어로 '크레스토테스'입니다. 이 단어의 뜻이 여러 가지가 있습니다. 재미있게도 첫 번째 뜻은 '도덕적 탁월함'입니다. 도덕적 탁월함과 자비가 잘 연결되시나요? 그러니까 이 사람을 옆에서 보면 딱 착한 사람입니다. 어떤 신념을 가지고 도덕적 탁월함을 가졌는지는 알 수 없어도, 그를 대하는 상대방이 느끼기에는 착한 사람이고 바른 사람이라는 느낌을 갖습니다. 그래서 '크레스토테스'에는 추가적으로 '인자, 은혜, 상냥스러움'이라는 뜻까지 포함됩니다. 물론 그 뜻들은 서로 연관성을 가집니다.

이 도덕적 탁월함은 겉과 속이 다 아름다움을 말합니다. 하나님은 인간의 중심을 보시기에 '크레스토테스'는 인간이 느낄 수 있는 도덕 그 이상으로 이해되어야 합니다. 하나님을 위해 선(善)을 추구하고, 그 결과로 상대방에게 잘해 주게 되는 것입니다. 그래서 사람이 느끼기에 이 '자비'는 형이상학적 '사랑'보다는 형이하학적 '양선'에 더 가깝다고 볼 수 있습니다.

진짜 목사는 도덕적으로 탁월합니다. 속사람이 깨끗한 사람이죠. 중심을 볼 수 있는 하나님 앞에서 깨끗한 겁니다. 얼마나 어려운 일입니까? 그러나 진짜 목사는 최선을 다합니다. 인간이 얼마나 약하고 악한지 알면서도 용기 있게 하나님 앞에 나섭니다. 그 지엄한 지성소 안에서 하나님을 만납니다.

결국 진짜 목사는 하나님의 도덕적 온전함을 닮아가는 사람입니다. 하나님의 품성으로 성도들에게 잘해 줍니다. 사랑으로 대해 주고, 말도 따뜻하게 해줍니다. 그러니 성도들은 그 목사를 자비롭다고 생각하지 않을 수 없습니다. 결국 자비는 성령의 열매로서 성도들에게 관찰될 것입니다.

그러나 여기에서 아주 복잡한 문제가 발생하기도 합니다. 목사는 때로 정치적이어야 하기 때문입니다. 안타깝게도 리더는 단순히 투명 유리와 같이 속과 겉이 같아서는 안 됩니다. 그 공동체에 성숙한 사람만 있는 것이 아니기 때문입니다.

앞에서도 말씀드렸듯이, 현실에서 교회 공동체는 매우 다양한 사람들이 모입니다. 다양하다는 말은 교인들 모두가 온전히 하나님의 양들은 아니라는 말과도 같습니다. 그렇다면 목사는 정치적이어야 합니다. 그래서 진실을 나타낼 때, 또 다른 형태의 필터링을 거쳐서 나타내어야 합니다. 지혜가 많이 필요합니다. 뱀과 같은 지혜가 있어야 합니다. 순결한 속사람을 지혜롭게 드러내야 합니다. 물론 진짜 목사는 이 과정을 잘 수행할 것입니다. 그리고 최종적으로는 목사가 진실한 사람이라는 것을 성도들이 알게 될 것입니다.

여섯째 열매는 '양선'입니다. 진짜 목사는 양선, 헬라어로 '아가쏘쉬네'를 실천합니다. '양선'을 사전적 의미로 생각해 보면, 어질고 착한 것입니다. 그래서 '크레스토테스'(자비)와 비슷하다고 말씀드렸습니다. 그런데 저는 '아가쏘쉬네'를 좀더 관계적으로 설명하고 싶습니다. '크레스토테스'가 속사람과 겉사람이 같은 도덕적 탁월함에서 나오는 사랑의 모습이라면, '아가쏘쉬네'는 불특정 다수가 아닌 분명한 '상대방'에게 행하는 선행이라 할 수 있습니다.

양선은 상대방과 좋은 것을 나누는 것입니다.

"이거 필요하죠? 쓰세요."

"이거 좋아요, 같이할래요?"

진짜 목사는 자기만 가지려고 하지 않습니다. 좋은 게 생기면 양들과 나누고 싶어 합니다. 좋은 게 있으면 주고 싶고, 맛있는 게 있으면 먹이고 싶습니다. 진짜 목사는 교인들과 좋은 것을 나누기 위해서 그것을 따로 떼어 놓습니다. 그래서 교인들과 특별한 관계를 만듭니다. 여러분의 목사가 매번 여러분에게 좋은 것을 주려고 한다면, 여러분은 정말 좋은 목사를 만난 겁니다.

일곱째, 진짜 목사는 교인들의 마음을 시원하게 합니다. '충성'이라는 열매를 맺기 때문입니다. '충성'이라는 헬라어는 '피스티스'입니다. '피스티스'는 하나님에 대한 확실한 믿음을 뜻합니다. 확실한 믿음은 확실한 헌신을 낳습니다. 그래서 하나님은 그를 보고 마음이 시원해지십니다. 이 목사를 바라보는 교인들도 마음이 시원할 수밖에 없습니다.

> 충성된 사자는 그를 보낸 이에게 마치 추수하는 날에 얼음 냉수 같아서 능히 그 주인의 마음을 시원케 하느니라 (잠 25:13)

충성된 사람들의 뚜렷한 특징은 '확신'입니다. 자신이 하는 일에 확신이 차 있습니다. 어정쩡하지 않습니다. 어정쩡한 사람은 다른 사람들이 시원해하지 못합니다. 보고 있으면 불안하고 답답하기 때문입니다.

여러분의 목사는 어떻습니까? 그들이 스스로 헷갈려 하고 있지는 않습니까? 하나님에 대해서 확신이 있습니까? 사랑함에 대해서 확신 없게 말하지는 않습니까? 진실한 행동을 확실하게 하지 못합니까?

성도들은 확신 있게 행동하는 목사도 찬찬히 살펴야 합니다. 그것이 정말 하나님의 뜻에 부합하는 확신에 찬 행동인지 구분해 내야 합니다. 첫 번째 기준은 성경입니다. 목사가 성경에 맞게 행동하고 있다면 그 목사는 진짜입니다. 그러나 성경이 말하는 것이 아닌, 자신의 이익을 위한 것이라면 그것은 하나님이 원하시는 충성이 아닙니다. 그리고 조금 지나면 그 열매는 힘없이 떨어지고 말 것입니다. 그래서 찬찬히 기다려 보셔야 합니다. 진짜 목사는 하나님의 일을 한 후 아무 대가도 바라지 않습니다. 오히려 자신을 무익한 종으로 생각하고 모든 영광을 하나님께 돌립니다.

여덟째, 진짜 목사는 '온유'의 열매를 맺습니다. 여기서 '온유'라는 말은 단순히 부드러운 성품이라는 뜻이 아닙니다. '온유'는 헬라어로 '프라우테스'입니다. '프라우테스'는 마태복음 5장 5절에 나온 '온유'와 똑같은 단어입니다. 기본 의미는 '낮아짐'입니다. 겸손이지요. 특별히 이 겸손은 하나님 앞에서의 낮아짐이라 할 수 있습니다. 그러니까 '온유'의 열매를 맺기 위해서는 창조주 하나님 앞에서 피조물이 얼마나 낮은 존재인지를 경험해야 한다는 말입니다. 이것은 상대적 낮아짐이 아닙니다. 절대적인 존재 앞에서 피조물의 위치를 경험하는 것입니다. 결국 피조물은 자신이 가장 낮은 자라는 것을 알게 됩니다. 그가 나타내는 모습은 바로 종의 모습입니다. 그래서 진짜 목사는 종의 모습으로 교인들에게 나타납니다.

종은 남을 낮게 보지 않습니다. 항상 자기보다 높게 봅니다. 그래서 모든 일에서 자신을 희생합니다. 특히 상대방에게 친절함으로 다가갑니다. 진짜 목사는 교인들과 대화할 때 가능하면 교인들을 높여 줍니다. 자기가 낮은 자이기 때문에 귀한 사람을 대하듯 부드러운 말로 교인들을 대합니다.

물론 진리의 문제에 있어서 물러서라는 것이 아닙니다. 기본적으로 교인들을 존중해 준다는 말입니다. 하나님께서 귀하게 맡겨 주신 교인들을 존귀하게 여기고 그들이 가장 대우받는다는 느낌이 들도록 행동할 것입니다.

그런데 많은 목사들이 교인들을 자신의 종 부리듯 합니다. 자신이 종인데, 교인들을 자기의 종이라고 생각합니다. 그래서 이렇게 쉽게 말합니다.

"무슨 무슨 집사, 이번 부활절에는 계란 해야지. 지난 번에는 좀 그렇더라."

"무슨 무슨 집사, 성탄절 나무에 전등 좀 해."

너무나 쉽게 명령해 버립니다. 자기 밑의 사람이니까요. 또 교인들을 비하하는 말들을 얼마나 자주 하는지 모릅니다. 여자 교인들에 대한 성적 비하 발언도 서슴없이 합니다. 이것은 절대 온유한 자의 모습이 아닙니다.

성경을 가르치고, 설교를 할 때도 마찬가지입니다. 일반적으로 목사들은 성경을 접하는 시간이 많습니다. 성경 읽기를 좋아하고, 성경 공부를 열심히 하는 목사들이 이렇게 말합니다.

"이런 거 잘 모르죠?"

"모를 줄 알았습니다."

교인들은 모를 수 있습니다. 성경에 노출 빈도가 낮아서 그렇습니다. 교인들이 하루에 1시간씩 성경 공부나 성경 읽기를 한다면, 많은 성경 지식과 영성을 쌓을 수 있을 것입니다. 고등교육을 받은 교인일 경우 목사보다도 높은 성경 지식을 쌓을 수도 있습니다. 하지만 교인들은 바쁩니다. 세상에서 경쟁하며 살아야 하기 때문입니다. 또 목사에 비해 성경 공부나 성경 읽기에 관심이 덜할 수 있습니다. 그래서 목사보다는 성경을 모르기가 쉽습니다.

그러나 목사는 그들을 절대 깔보면 안 됩니다. 예수님은 자신의 양들을 깔보신 적이 없기 때문입니다. 최대한 그들을 존중하고 인정해 주셨습니다. 예수님은 자신을 비워 종으로 그들을 섬기셨습니다. 겸손하게 사랑하셨습니다. 그런데 어떻게 목사가 양들을 무시할 수 있겠습니까.

진짜 목사는 최선을 다해서 친절합니다. 여러분은 충분히 관찰해 낼 수 있습니다. 여러분의 목사가 여러분을 진정으로 존중하는지 알 수 있습니다. 다른 성도들, 특히 여러 모로 연약해 보이는 성도들에게 겸손하고 친절하게 대하는지 잘 살펴보십시오. 그러면 쉽게 판단하실 수 있을 것입니다.

아홉째, 진짜 목사는 '절제'의 열매를 맺습니다. 앞의 모든 열매들도 인간의 힘으로서는 이루어 내기 어려운 열매들입니다. 오직 성령의 강권적인 도움이 있을 때만 가능한 일들입니다.

저의 경우에 있어서도 '절제'라는 열매는 정말 이루기 어려운 열매라고 고백할 수밖에 없습니다. 왜냐하면 '절제'의 열매는 기본적으로 기준을 설정하기가 어렵기 때문입니다. 어떤 사람이 다른 사람의 행동을 평가하면서, 과하다 과하지 않다, 모자라다 모자라지 않다고 평가한다는 것이 쉽지 않습니다. 얼마까지 하는 것이 적당한 것일까요? 사람에 따라 그 기준은 정말 제각각입니다. 그래서 '절제'라는 열매는 하나님과 목사 자신만의 비밀스러운 열매라 할 수 있습니다.

'절제'라는 단어의 헬라어는 '엥크라테이아'입니다. '엥크라테이아'는 '자기 통제'(self-control)라는 말입니다. 특히 이 단어는 욕구에 관한 것입니다. 인간의 기본적인 욕구를 적절하게 통제한다는 것입니다. 식욕, 수면욕, 성욕 같은 인간의 기본적인 욕구를 스스로 조절하는 것이지요. 쉽겠습니까? 절대 쉽지 않죠.

또한 '절제'는 무서운 면도 있습니다. '절제'에는 고통이 따르는데, 그 고통이 또 하나의 쾌감이 될 수도 있기 때문입니다. 그래서 예전에 수도사들은 잘못된 금욕주의에 빠지기도 했습니다. 원래 금욕은 인간의 기본적인 욕구를 적절히 제어하면서 하나님께 더 가까이 나아가려는 수단이었습니다. 하지만 이것을 잘못 사용하여 고통 자체를 기쁨으로 받아들이게 되었습니다.

자신의 몸에 심한 고통을 줍니다. 그리고 자기 만족을 얻게 되었지요. 실제로 하나님이 그 일에 대해서 어떻게 생각하시는지는 중요하지 않습니다. 자신이 그 아픈 느낌으로 인해 하나님께 더 나아갔다고 생각할 수 있으면 그뿐이었습니다. 하지만 그 만족의 끝에는 항상 더 큰 고통을 느껴야 한다는 압박감밖에는 없었습니다. 그것은 하나님이 원하시는 절제의 열매가 아니었기 때문입니다.

종교개혁을 이끌었던 루터가 그랬습니다. 성당의 계단을 맨무릎으로 오르며, 무릎이 까지고 피가 나면 그때에야 안도합니다. '아, 내가 제대로 된 회개를 하고 있구나.'

그러나 상식적으로 생각해 보면, 어떤 부모가 자학하는 자식을 보며 좋아하겠습니까? 정상적인 부모라면 절대 그럴 수 없습니다. 하지만 수도사들은 그렇게 하면 하나님이 좋아하실 거라고 예단했던 것입니다. 자기들 마음대로 하나님을 판단한 겁니다. 교만입니다. 결국 그들은 하나님을 인간의 부모보다도 못한 존재로 만들어 버렸습니다.

가장 중요한 것은 아무리 힘든 금욕을 실천한다 해도 참다운 '절제'를 이룰 수 없다는 것입니다. 그래서 루터는 허망한 고통에는 답이 없다는 것을 알고 비로소 '하나님의 은혜'를 생각하게 됩니다. 결국 올바른 '자기 통제' 즉 '절제'의 열매는 인간의 힘만으로는 불가능했던 것입니다. 이 일은 하나님의 은혜가 온전히 임해야 하는 일입니다. 성령 충만과 함께 자신의 의지가 강하게 결합될 때 완성될 수 있습니다. 성령으로 충만한 삶을 살게 되면 '절제'라는 풍성한 열매가 나타날 것입니다.

자유로움 속에서 이루어 내는 '절제'가 진정한 절제의 열매입니다. 맛있는 빵을 들고 있으면서 '이제 됐어. 충분히 먹었어'라고 생각하며 내려놓는 것이죠. '자기 좋다'는 팬들의 호의를 스스로 절제하며 얼굴을 돌리는 목사가 진정 절제의 열매를 맺는 목사입니다.

"목사도 다 남자야."

"아니야, 우리 목사님은 달라."

어느 부부의 대화입니다. 둘 다 교인입니다. 들어보니, 자기 교회 목사에 대한 대화였습니다. 그 부인은 확신을 가지고 말했습니다. 자기 교회 목사는 다른 남자들하고 다르다고 강하게 주장했습니다.

그러나 그들이 나눈 이야기는 그 목사의 사모도 잘 알 수 없을 정도의 은밀한 내용이었습니다. 혹 부부간에는 낌새를 알아차릴 수 있겠지만, 목사가 잘만 숨기면 사모도 알아챌 수 없는 은밀한 부분도 있습니다. 그런데 그 자매 교인은 확신에 차서 자기 남편에게 말했습니다.

"우리 목사님은 여느 남자와 달라."

어느 날 다른 교회 어떤 여자 교인이 저에게 불만을 토로했습니다. 내용인즉슨, 자기 교회 담임목사 사모가 자기 담임목사를 계속 따라다닌다는 겁니다. 그게 싫다고 투정을 부렸습니다. 사모가 옆에 있으니까, 자기가 목사 옆에 갈 수 없었던 것이죠.

어떤 여자 교인들은 목사에게서 좋은 남편에 대한 대리만족을 얻고 싶어 합니다. 그래서 그 목사를 이상적인 남편상으로 정해 둡니다. 이런 상황에서 남자 목사가 마음적으로, 성적으로 절제하기란 쉽지 않습니다. 사모보다 상냥하고 예쁜 여자 교인들에게 그들의 호의만 받고 빠져나오기란 참으로 어려운 일일 수 있습니다.

남자 목사와 여자 교인이 육체적인 관계까지 가는 경우는 사실 많지 않습니다. 하지만 교회 내에서 남자 목사와 여자 교인 간에 마음을 나누는 간음들은 얼마나 많은지 모릅니다. 마음을 나누는 것은 죄 같지 않잖아요. 아무도 모를 것 같잖아요. 하나님이 보고 있는 줄 알지만 애써 잊으면 되잖아요. 그래서 그냥 서로의 좋은 마음을 즐겨 버립니다. 얼마나 좋은 일이고, 얼마나 어려운 일입니까! 목사는 그때 힘을 다해야 합니다. 성령께 달려가야 합니다. 그리고 불쌍히 여겨 달라고 울부짖어야 합니다. 그러면 성령과 함께 절제할 수 있습니다. 이 어려운 일을 하는 목사가 진짜 목사입니다.

결국 '절제'는 '코람데오'의 신앙을 요구합니다. '코람데오'는 '하나님 앞에서'라는 라틴어입니다. 아무도 없어도, 누구도 보고 있지 않아도 하나님께서 내 옆에 계시다는 것을 인식하는 것입니다. 그리고 스스로 자기 통제를 합니다. 이게 절제입니다. 참으로 어려운 일이기 때문에 목사는 하나님과 정말 친해야 합니다. 정말 친해서 하나님을 많이 닮아야 합니다. 타는 듯한 고통이 있을지라도 성령의 불로 매순간 자신을 거룩하게 태우는 일을 즐겁게 할 수 있어야 합니다. 그러면 절제의 거룩한 열매를 탄생시킬 수 있습니다.

특히 목사는 만약 자신이 정말 약하다고 생각되는 부분을 인지했다면, 가깝고 신뢰할 만한 사람들에게 그 부분을 미리 알려 두는 것이 중요합니다. 그러면 그들이 성령님과 함께 도와줄 것입니다.

목사에게 성령의 아홉 가지 열매가 풍성하게 맺혀 있는 것을 보는 것은 성도들에게 크나큰 영광입니다. 하나님의 살아 계심을 체험하는 귀한 경험입니다. 그래서 성도들은 그 열매들이 풍성이 열릴 수 있도록 항상 기도해 주셔야 합니다. 목사의 열매를 같이 만들어 가야 합니다. 그럴 때 교회가 건강해질 수 있습니다.

귀신 들린 자와 병든 자를
피하지 않는 목사

21세기에도 영적인 싸움이 필요한가?

21세기에도 병을 기도로 낫게 해야 하는가?

쉽지 않은 질문들입니다. 어느 시대든 영(靈)파와 지성(知性)파가 나뉘어 있기 때문입니다. 20세기부터 제자훈련과 같은 지적인 방법론이 등장하면서 기독교를 마치 지적으로 이해하는 것이 가장 자연스러운 것으로 생각하는 경향이 팽배해졌습니다. 이런 현상은 아마도 순복음 계열의 영적인 운동의 반대급부로 힘을 더 얻은 것 같습니다. 하지만 분명한 것은 기독교가 영적인 종교라는 것입니다. 어떻게 보면, 기독교에서는 기적이 일상적인 일로 일어나야 합니다. 하지만 기독교에서는 '영성훈련'이라는 미묘한 표현들을 사용하면서, 직접적인 영적인 일은 도모하고 있지 않아 보입니다. 그 이유는 간단합니다. 영성을 키우고 발휘해야 하는 영성훈련을 '도덕훈련'으로 변질시켰기 때문입니다. 그래서 지금의 영성훈련을 영적인 일을 일으키는 훈련이라고 말하기가 참으로 어렵습니다. 그냥 도덕훈련이라고 말하면 좋을 것 같습니다. 진정한 영성훈련은 정말 우리 속에 침체되어 있는 '영적 야성'을 이끌어 내는 훈련이어야 합니다.

하나님은 창세기 2장에서 인간에게 '네솨마'를 불어넣어 주셨습니다. 그분의 영을 나누어 주신 것이죠. 그 영을 통하여 인간은 하나님과 하나됨을 이룰 수 있었습니다. 이 일은 아주 영적인 일입니다. 그래서 성도들은 육적·정신(도덕)적 역량을 발전시키기 이전에, 하나님과 하나될 수 있는 힘, 즉 영적인 역량을 발전시켜야 합니다. 그래야 하나님이 원래 창조하셨던 인간의 모습을 되찾을 수 있습니다.

> 그들이 무리에게 이르매 한 사람이 예수께 와서 꿇어 엎드려 이르되
> 주여 내 아들을 불쌍히 여기소서 그가 간질로 심히 고생하여 자주 불에도 넘어지며 물에도 넘어지는지라
> 내가 주의 제자들에게 데리고 왔으나 능히 고치지 못하더이다
> 예수께서 대답하여 이르시되 믿음이 없고 패역한 세대여 내가 얼마나 너희와 함께 있으며 얼마나 너희에게 참으리요 그를 이리로 데려오라 하시니라
> 이에 예수께서 꾸짖으시니 귀신이 나가고 아이가 그 때부터 나으니라
> (마 17:14-18)

마태복음 17장 이야기는 변화산에서 예수님이 내려오신 후

의 사건입니다. 예수님이 내려와 봤더니, 귀신으로 인해 간질병을 겪고 있는 아이가 제자들 앞에 있었습니다. 제자들은 온갖 일들을 다 해 보았지만 그 아이를 고칠 수 없었습니다. 그래서 제자들은 예수님께 "믿음이 없다"고 야단을 맞았습니다.

그런데 여기서 중요한 것이 있습니다.

제자들은 이런 영적인 일에 대해서 물러나지 않았다는 것입니다. 제자들은 그 일을 감당하지 못함에도 불구하고 그 아이와 아버지를 돌려보내지도 않았습니다. 그냥 계속적으로 영적인 일을 행했습니다. 제자들은 힘들게 영적 싸움을 했지만 실패했습니다. 하지만 그들 속에는 영적인 일에 대한 무서움이 조금도 없었습니다. 왜냐하면 영적 싸움은 그들의 일상적인 일이었기 때문입니다. 제자들은 "왜 우리에게 이런 일을 시키냐"고 화를 내지도 않았습니다. 그냥 자연스러운 일로 받아들였습니다.

지금의 목사들은 어떻습니까? 어떤 것 같습니까?

이런 영적인 일을 하고 있습니까? 혹시 귀신 들린 사람이 오면 무서워하지는 않습니까? 무서워서 도대체 어떻게 해야 할지 몰라 아예 그런 사람들이 오지 못하게 하지는 않습니까?

이 때에 제자들이 조용히 예수께 나아와 이르되 우리는 어찌하여 쫓아내지 못하였나이까

이르시되 너희 믿음이 작은 까닭이니라 진실로 너희에게 이르노니 만일 너희에게 믿음이 겨자씨 한 알 만큼만 있어도 이 산을 명하여 여기서 저기로 옮겨지라 하면 옮겨 질 것이요 또 너희가 못할 것이 없으

목사가 귀신을 내쫓는 일에 서투를 수 있습니다. 피터 와그너 박사가 자신의 책에서 밝혔듯이 귀신을 내쫓는 방법을 몰라서 그럴 수도 있습니다.(피터 와그너 박사는 영적인 능력에 특별한 능력이 있는 사람이라고 저는 생각합니다. 물론 보수적인 교단에서는 그의 방법을 잘못되었다고 생각하는 사람들도 많습니다. 저 역시 그의 방법이 온전히 성경적이라고 말할 수는 없습니다. 그러나 보수적인 교단의 목사들은 확실히 귀신들과의 싸움에 서툰 것은 분명합니다. 그래서 저는 영적인 싸움의 기술적인 능력 개발은 필요하다고 보는 입장을 취하고 있습니다.)

하지만 중요한 것은 목사는 영적인 일에 절대 물러서면 안 된다는 것입니다. 서툴러도 귀신을 두려워해선 안 됩니다. 진짜 목사는 늘 영적인 일이 일상이기 때문입니다. 예수님의 제자들같이 자연스럽게 그 일을 받아들입니다. 하나님의 능력으로 귀신들과 맞서 싸웁니다. 그런 경험들이 쌓이게 되면 언젠가는 그들과 싸워 이길 것입니다.

그러나 가짜 목사는 마치 자신이 지성적인 목사인 양 곱게 차려입고만 있을 것입니다. 막상 영적인 능력을 보여야 하는 경우가 생기면 교양 있는 모습으로 뒤로 빠질 것입니다. 기독교를 전혀 몰라서 그렇습니다. 하나님도 모르고, 하나님의 능력도 모릅니다. 그래서 피하려고만 하는 것입니다.

하나님은 우리와 모든 영역, 즉 육적·영적·정서적·지성적 영역을 통하여 교제하고 싶어 하십니다. 특히 하나님은 목사와 함께 모든 영역에서 깊이 하나 되고 싶어 하십니다. 그런데 목사가 이것을 멀리한다면, 어떻게 성도들을 영적인 생명의 길로 인도할 수 있겠습니까. 진짜 목사는 먼저 하나님과 영적으로 하나 되는 삶을 보일 것입니다. 그리고 성도들을 자연스럽게 영적인 길로 인도할 것입니다.

주의 제자를 삼는 목사

교인들은 일반적으로 목사들이 주님의 제자를 많이 키운다고 생각합니다. 그러나 실상은 그렇지 못한 경우가 많습니다. 왜냐하면 주님의 제자를 키우기 위해서는 목사 자신이 준비되어야 할 것들이 많기 때문입니다.

첫째로 주의 제자를 길러내는 목사는 다른 사람과 올바른 관계를 맺을 줄 알아야 합니다. 예수님의 제자훈련은 단순히 지식을 전달하는 것이 아니라, 전인격적으로 관계를 맺어야만 할 수 있는 것이기 때문입니다.

내 안에 거하라 나도 너희 안에 거하리라 가지가 포도나무에 붙어 있지 아니하면 스스로 열매를 맺을 수 없음 같이 너희도 내 안에 있지 아니하면 그러하리라

나는 포도나무요 너희는 가지라 그가 내 안에, 내가 그 안에 거하면

사람이 열매를 많이 맺나니 나를 떠나서는 너희가 아무 것도 할 수 없음이라 (요 15:4-5)

이 관계는 결국 깊은 사랑으로 나타납니다. 서로 하나가 될 만큼 깊은 사랑입니다. 그래서 목사는 제자들과 마음과 마음을 나누며 깊이 사랑합니다. 자신의 것을 제자들과 공유하며 사랑합니다. 하지만 제자훈련을 한다는 목사들 중에서도 사랑할 줄 모르는 사람들이 꽤 있습니다. 심지어, 가능하면 성도들과 멀리 떨어져 숨어 있습니다. 그들은 성도들과 개인적으로 대화하고, 가르치고, 기도하고, 웃고 떠드는 것을 너무나 어려워합니다.

가족들과도 관계할 줄 모르는 목사들도 상당히 있습니다. 아내랑 사랑하는 법도 모르고, 자녀들이랑 사랑하는 법도 모릅니다. 참으로 안타까운 일입니다. 이런 목사들이 어떻게 삶을 나누는 제자훈련을 할 수 있겠습니까. 만약 여러분의 목사가 진정으로 주의 제자를 길러내는 목사라면, 그는 여러분과 깊은 사랑의 관계를 맺고 있을 것입니다.

둘째, 주의 제자를 길러낼 수 있는 목사는 주님의 길로 가는 것을 즐거워합니다. 그래서 항상 예수님이 가셨던 길로만 가려고 합니다.

예수께서 이르시되 여우도 굴이 있고 공중의 새도 거처가 있으되 인자는 머리 둘 곳이 없다 하시더라 (마 8:20)

예수님이 가신 길은 일반인이 보기에는 참으로 험한 길입니다. 그러나 진짜 목사는 이 길을 얼마나 즐겁게 가는지 모릅니다. 마치 하나도 힘들지 않은 것처럼 갑니다. 옆에서 보면, 그는 늘 주님의 길 위에 있습니다. 예수님과 함께 있는 것이 즐거우니까요.

왜 이리 즐거운 겁니까?

예수님의 사랑을 알기 때문입니다. 예수님이 자신을 위해 어떤 희생을 하셨는지 압니다. 어떤 사랑을 보여 주셨는지 압니다. 그래서 예수님께 늘 고마운 마음이 있습니다. 그 마음이 목사를 주님의 길로 인도합니다. 그래서 제자들은 주님의 길에서 늘 행복해하는 목사를 발견할 수 있을 것입니다.

이런 목사가 제자들에게 "주의 제자로서 말씀에 순종하며 사십시오"라고 말하면, 제자들은 자신들이 할 수 있는 최선을 다해서 주의 길을 따를 것입니다.

셋째, 주의 제자를 길러내는 목사는 먼저 주의 '야다'를 이루어야 합니다. '야다'는 히브리말로 '알다'라는 뜻입니다. 이 앎은 기본적으로 경험적 앎입니다. 하나님과 하나 되어, 실제로 해보고 얻은 '야다'입니다.

그래서 이런 말은 다시 생각해 봐야 합니다.

"우리 목사님은 신학 박사야. 우리 목사님은 신약학으로 박사를 받았어. 구약학으로 박사를 받았어."

아무리 순수 학문 분야에서 박사학위를 받았다고 해도, 그것이 만약 단순한 지식적 체계나 인간의 이성에만 기반이 된 연구였다면, 그것은 주의 제자를 길러낼 수 있는 앎은 아닙니다. 단지 성실과 테크닉으로 이루어 낸 노력의 산물일 뿐입니다.

또 비유로 말씀하시되 맹인이 맹인을 인도할 수 있느냐 둘이 다 구덩이에 빠지지 아니하겠느냐 (눅 6:39)

예수님 시대에, 성경 지식만으로 소경 된 자들이 있었습니다. 바리새인들과 서기관들이었습니다. 그들은 상당한 성경적 지식이 있었습니다. 하지만 '야다'는 이루지 못했습니다. '야다'를 이루기 위해서는 하나님과 함께 이루어 가야 하는데, 이들은 자신의 방식만을 고집했습니다.

그래서 예수님이 그들에게 아주 간단한 질문을 했을 때도, 머뭇거리기만 하고 정확한 답은 할 수 없었습니다. 왜냐하면 예수님의 질문에 답을 하기 위해서는 하나님과 함께 만들어 낸 '야다'가 있어야 하기 때문입니다.

그렇다면 목사가 하나님의 '야다'를 이루었다는 것을 어떻게 알 수 있을까요?

그 목사가 말할 때 유심히 보면, 그 하나 하나에 경험과 고민이 묻어 있습니다. 경험되지 않은 말씀을 가르치지 않습니다. 자기가 이루었던 것을 예를 들어 가르칩니다. 그때마다 목사의 깊은 고민을 느낄 수 있습니다. 왜냐하면 주님의 길은 일반적이지 않기 때문입니다. 세상과 반대로 가는 길입니다. 그러니 어떻게 고민하지 않을 수 있겠습니까. 그 길에서 얻은 '야다'에는 깊은 고민이 배어 있을 수밖에 없습니다. 하지만 그는 하나님의 말씀과 돌보심으로 이겨냈습니다. 그래서 그의 삶에는 그 흔적들이 고스란히 남아 있습니다.

넷째, 주의 제자를 길러낼 수 있는 목사는 실력자여야 합니다. 실력자는 보여 줄 수 있는 사람입니다. 말로만 설명하는 사람이 아닙니다. 개념적으로만 말하는 사람은 진정한 실력자라 할 수 없습니다. 만약 목사가 경험적으로 하나씩 하나씩 하나님과 함께 '야다'를 쌓아갔다면 어떻게 될까요? 당연히 그 모든 것들을 보여 줄 수 있습니다. 성도들에게 시범을 보이며 가르칠 수 있습니다.

예수님도 제자들에게 이같이 했습니다. 기도를 어떻게 하는지, 귀신을 어떻게 내쫓는지, 병을 어떻게 낫게 하는지 다 보여 주셨습니다. 그래서 제자들은 나중에 예수님이 했던 일들을 그대로 할 수 있었습니다.

단순히 무슨 무슨 교재, 무슨 무슨 세미나에서 배운 제자훈련 과정을 정확히 시행할 수 있는 정도로는 부족합니다. 그런 것은 삯군들도 할 수 있습니다. 주의 제자를 길러낼 수 있는 목사는 그 이상이어야 합니다. 제자들을 생명으로 인도하기 위해 자신이 가진 모든 것을 실연(實演)할 것입니다.

이제 조금 더 확장된 개념을 생각해 봅시다.

예수께서 나아와 말씀하여 이르시되 하늘과 땅의 모든 권세를 내게 주셨으니

154

그러므로 너희는 가서 모든 민족을 제자로 삼아 아버지와 아들과 성
령의 이름으로 세례를 베풀고
내가 너희에게 분부한 모든 것을 가르쳐 지키게 하라 볼지어다 내가
세상 끝날까지 너희와 항상 함께 있으리라 하시니라 (마 28:18-20)

주의 제자를 길러내는 일은 예수님의 마지막 지상명령입니다. 사람으로 따지자면 유언과 같습니다. 이 명령이 가장 중요하기 때문에 예수님이 하늘로 올라가시면서 인간에게 마지막으로 남기셨습니다.

그렇다면 왜 "모든 민족으로 제자를 삼으라"는 명령이 가장 중요한 명령일까요?

그것은 인간을 가장 의미 있게 만드는 것이기 때문입니다.

하나님께는 가장 큰 목표가 있습니다. 그것 때문에 하나님의 마음은 이미 녹아내렸는지도 모르겠습니다. 하나님의 목표는 한 사람이라도 더 많은 사람이 하나님께 돌아오게 하는 것입니다. 가능하면 모든 사람이 구원받기를 원하십니다.

사람이 모든 민족으로 제자를 삼게 되면, 하나님의 이 거룩한 목표가 이루어집니다. 피조물이 창조주의 목표를 이루는 이상하고도 아름다운 일이 벌어지는 겁니다. 하나님은 인간에게 구원을 선물하고, 인간은 하나님의 목표를 이루게 하는 것이죠. 이것이 바로 인간과 하나님의 온전한 교통이 이루어지는 것입니다. 그때 인간은 가장 의미 있게 됩니다. 가장 행복해지는 것이지요. 예수님이 이것을 선물하고 싶으셨습니다. 그래서 마지막으로 "모든 민족으

로 제자를 삼으라"고 명령하셨습니다.

결국 이 일은 하나님의 권한 이양과 자연스럽게 연결됩니다. 사실 하나님은 처음부터 인간과 권한을 나누고 싶어 하셨습니다. 그래서 전 역사를 통해 그 일을 하셨습니다. 인간을 창조할 때부터 자신의 파트너로서 일하게 하셨습니다.

> 하나님이 빛을 낮이라 부르시고 어둠을 밤이라 부르시니라 저녁이 되고 아침이 되니 이는 첫째 날이니라 (창 1:5)
>
> 여호와 하나님이 흙으로 각종 들짐승과 공중의 각종 새를 지으시고 아담이 무엇이라고 부르나 보시려고 그것들을 그에게로 이끌어 가시니 아담이 각 생물을 부르는 것이 곧 그 이름이 되었더라 (창 2:19)

하나님의 창조는 이름을 붙이는 것으로 완성되었습니다. 그래서 하나님은 인간에게 세상 만물의 이름을 붙일 수 있게 해주셨습니다. 창조의 완성을 인간이 할 수 있도록 말입니다.

목사는 이런 하나님의 마음과 사역 패턴을 정확히 읽어내야 합니다. 그것을 파악했다면 목사는 주의 제자를 길러내는 데 모든 것을 쏟아야 합니다. 목사는 주의 제자들이 하나님의 일을 할 수 있도록 적극적으로 양육해야 할 것입니다.

> 예수께서 그의 열두 제자를 부르사 더러운 귀신을 쫓아내며 모든 병과 모든 약한 것을 고치는 권능을 주시니라 (마 10:1)

주의 제자들은 주님이 하셨던 일들을 할 것입니다. 왕성한 활동을 하게 되겠지요. 권한이 분배되었기 때문입니다. 다양한 분야에서, 독특한 영향력을 나타낼 것입니다. 자연히 하나님의 나라는 풍성해질 것입니다.

결국 제자훈련이 온전히 이루어지고 나면, 목사의 권한도 나누어집니다. 제자들에게 이양되었기 때문입니다. 그래서 목사는 군림하지 않고 다른 제자들과 균형 잡힌 힘으로 교회를 아름답게 세워 나가게 될 것입니다.

> 말씀하시되 나를 따라오라 내가 너희를 사람을 낚는 어부가 되게 하리라 하시니
> 그들이 곧 그물을 버려 두고 예수를 따르니라 (마 4:19-20)

주의 제자들은 더없이 행복합니다. 의미 있는 삶을 살게 되었기 때문입니다. 하나님으로부터 부여받은 새로운 삶이 그들을 힘 있게 만들고, 삶의 목적을 더욱 분명하게 할 것입니다.

목사는 이 일이 이루어지도록 최선을 다해 돕습니다. 자신이 먼저 이 일의 비밀을 깨달았기 때문에, 제자들에게 거저 줍니다. 자신의 모든 것을 가르칩니다. 자기 몸을 사랑하듯 제자들을 사랑하며 그들의 달란트에 가장 맞는 사역을 할 수 있도록 돕습니다. 이것이 주의 제자를 길러내는 목사의 모습입니다.

하나님을 두려워하는 목사

어떤 목사가 젊은 나이에 큰 교회를 담임하게 되었습니다. 예배를 마치고 텅 빈 예배당을 보고 있는데 갑자기 두려움이 몰려왔다고 합니다.

'아, 내가 과연 이 큰 예배당을 사람들로 가득 채울 수 있을까?'

'내가 이 큰 교회의 전기세를 낼 수 있을 만큼 사람을 채울 수 있을까?'

이런 걱정이 몰려오는데, 참으로 감당할 수 없을 정도의 무게였다고 합니다. 현실적인 걱정이지요? 맞습니다. 이런 걱정도 해야 하는 것이 맞는 것일지도 모릅니다.

어떤 목사는 이렇게 이야기하기도 했습니다.

"목회도 경영이에요. 돈은 항상 필요해요. 돈은 항상 부족하니까. 아무리 큰 교회라도 돈은 항상 부족하죠."

다 맞는 말입니다. 현실을 살아가는 목사들은 실제적인 여러 걱정에서 자유로울 수가 없습니다. 가족을 부양해야 하는 생활비에 대한 걱정, 자녀들 교육에 대한 걱정, 은퇴 후 생활에 대한 걱정 등 개인적인 걱정만으로도 감당이 되지 않을 정도로 큰 걱정들이 많습니다.

교회의 외형적 문제에 대한 걱정도 있습니다. 교인의 수가 증가해야 하는데, 그렇지 못하면 걱정입니다. 설교에 대한 불만이 성도들에게 나오기 시작하면, 견딜 수 없을 만큼 걱정이 됩니다. 만약 장로들의 힘이 강력해서 끝없이 장로들의 눈치를 보아야 하는 상황이라면, 정말 운신할 공간도 없을 정도로 걱정이 되고 두려울 수 있습니다.

그러나 목사는 깊이 생각해 보아야 합니다. 정말 이런 걱정이 목사가 해야 하는 우선적이고도 중요한 걱정인지, 두려워할 수밖에 없는 걱정인지 심각하게 고민해 보아야 합니다. 저는 오랫동안 개척교회를 하면서 항상 생활비 걱정을 했습니다. 그리고 교회 확장에 대한 부담을 매순간 지고 살았습니다. 하지만 저는 진짜 두려워해야 할 것들은 이런 것들이 아니라고 결론을 내렸습니다. 진정으로 두려워해야 할 대상은 하나님이셨습니다. 그냥 듣기 좋으라고 모범답안을 말하는 것이 아닙니다. 목사는 하나님이 이 세상의 모든 것들 위에 있는 분이라는 것을 아는 사람이어야 하기 때문입니다.

몸은 죽여도 영혼은 능히 죽이지 못하는 자들을 두려워하지 말고 오직 몸과 영혼을능히 지옥에 멸하실 수 있는 이를 두려워하라 (마 10:28) 마땅히 두려워할 자를 내가 너희에게 보이리니 곧 죽인 후에 또한 지옥에 던져 넣는 권세 있는 그를 두려워하라 내가 참으로 너희에게 이르노니 그를 두려워하라 (눅 12:5)

두 구절의 내용은 같습니다. 표현적으로는 약간 다릅니다. 세상에는 육신의 몸을 죽일 수 있는 무서운 권력이 있습니다. 과거에는 왕이 있었고, 지금은 돈 즉 경제적인 권력이 우리의 목숨을 좌지우지하고 있을 것입니다. 하지만 성도는 그 무서운 권력 위의 권력을 볼 수 있어야 합니다. 하나님은 그 모든 권력 위에 계십니다. 그들의 영적인 생명을 결정짓는 훨씬 높은 수준의 권위이십니다. 목사는 이것을 아는 사람입니다. 그렇기 때문에 일차적으로 현실적인 문제를 하나님의 권위 아래에 둘 수 있어야 합니다.

너희에게는 심지어 머리털까지도 다 세신 바 되었나니 두려워하지 말라 너희는 많은 참새보다 더 귀하니라 (눅 12:7)

목사가 만일 현실적인 문제로 마음이 흔들리고 불안에 떨고 있다면, 누가복음 12장 7절을 도무지 이해하지 못하고 있는 것입니다(마태복음 10장 30-31절도 같은 내용). 그들은 능력의 하나님이 자신을 얼마나 사랑하고 계시는지 전혀 경험하지 못했습니다. 그런 경험이 없기 때문에, 눈에 보이는 현실이 너무나도 크고 무섭게 다가오는 것입니다. 그 무서운 현실에 파묻혀 하나님의 사랑을 볼 수가 없습니다. 두려움의 대상이 뒤바뀌어 버렸습니다.

현실이 극단적으로 흘러갈 수 있습니다. 목사의 자녀들이 정말 공부를 잘 하는데도 돈이 없어서 좋은 학교에 보낼 수 없는 상황이 될 수도 있습니다. 정말 안타깝지만 저는 그런 경우를 몇 차례 보았습니다. 하지만 하나님이 그것을 모르실 리 없습니다. 하나님은 우리의 머리카락 개수까지도 다 알고 계십니다. 하나님은 우리보다도 우리를 더 사랑하십니다.

> 여호와의 손이 짧아 구원치 못하심도 아니요 귀가 둔하여 듣지 못하심도 아니라 (사 59:1)

하나님은 능력이 없어서 현실적인 문제를 그대로 두시는 것이 절대 아닙니다. 너무 멀리 계시기 때문에 달려오지 못하시는 것이 아닙니다. 어려운 이야기일 수 있지만, 하나님은 늘 우리가 알 수 없는 놀라운 계획을 가지고 계십니다. 나중에 우리는 그 계획으로 인해 하나님께 영광을 돌리게 될 것입니다.

목사가 하나님의 뜻만 구하며 설교를 했는데도 교인들이 딴지를 걸어 교회에서 쫓아낼 수도 있습니다. 그러나 걱정하지 마십시오. 하나님은 다 알고 계십니다. 아마도 이 일을 통해 이 시대 교인들의 실상을 드러내고자 하는 뜻이 있을지도 모릅니다. 참목회를 했는데도 불구하고 장로들이 무시하고 괴롭혀서 쫓겨나야 했다면, 하나님은 이미 그를 진짜 목사로 인정하신 것입니다. 물론 대부분의 사람들은 이 일을 이해하지 못할 수 있습니다. 하지만 성령의 눈을 가진 사람들은 그 목사가 얼마나 좋은 목사인지 알고 있을 것입니다. 그리고 어떤 경로를 통해서든지 하나님의 위로를 전해 주실 것입니다. 그럴 일은 없지만 만약 이 세상에 그 누구도 그 목사의 가치를 인정해 주지 않는다 할지라도, 보이지 않는 것을 보시는 하나님이 반드시 그의 마음에 충만한 위로를 주실 것입니다. 둘은 서로 교통하기 때문입니다. 서로 연합되어 있기 때문에 진짜 목사는 모든 고통 속에서 평안을 누립니다. 하나님의 칭찬도 듣습니다.

> 누구든지 사람 앞에서 나를 시인하면 나도 하늘에 계신 내 아버지 앞에서 그를 시인할 것이요
> 누구든지 사람 앞에서 나를 부인하면 나도 하늘에 계신 내 아버지 앞에서 그를 부인하리라 (마 10:32-33)

결국 목사의 목표도 천국 가는 것입니다. 목사의 최종 목표는 이 세상일 수 없습니다. 그 또한 목사이기 이전에 거룩한 성도입니다. 그의 목표는 영원한 생명, 곧 천국입니다. 그래서 항상 현실 너머에 있는 하나님께 향해 있어야 합니다.

이제 이 '두려움'이라는 단어에 대해서 좀더 생각해 보겠습니다. 이 '두려움'은 하나님에 대한 '경외'이고, 그것은 곧 하나님에 대한 예배로 이어집니다. 마태복음 10장 28절에 나오는 '두려움'을 비롯해 신약성경에 나오는 '두려움'이라는 단어의 헬라어

기본형은 '포베오'입니다. 뜻은 단순한 무서움에서부터 시작하여, 놀람, 기적을 통해 경험한 경이로움까지 다양하게 해석됩니다.

> 사자가 이르시되 그 아이에게 네 손을 대지 말라 그에게 아무 일도 하지 말라 네가 네 아들 네 독자까지도 내게 아끼지 아니하였으니 내가 이제야 네가 하나님을 경외하는 줄을 아노라 (창 22:12)

"경외하는 줄을 아노라"에서 '경외'라는 히브리어 단어는 '야레'입니다. 이것이 히브리어 구약을 헬라어로 번역한 '70인역'에서 '포베오'로 번역되고 있습니다. 결국 '포베오'(두렵다) 안에는 하나님에 대한 '야레'(경외)가 포함되어 있는 것입니다.

> 모세가 백성에게 이르되 두려워하지 말라 하나님이 임하심은 너희를 시험하고 너희로 경외하여 범죄하지 않게 하려 하심이니라 (출 20:20)

여기서도 두 가지 두려움이 동시에 나타나는 것을 볼 수 있습니다. 하나는 "두려워하지 말라"라는 구절이고, 또 다른 하나는 "경외하여"라는 표현입니다. '두려워하지 말라'는 '야레', '경외하여'는 '이르아'입니다. '이르아'는 '야레'의 여성형입니다. 그러니까 똑같은 단어라고 할 수 있습니다.

출애굽기 20장 20절은 이스라엘이 시내 산에서 하나님의 임재를 눈으로 본 후의 일입니다. 십계명이 선포되면서 나타나신 하나님은 경이로움 그 자체였습니다. 결국 여기서 '두려움'과 '경외'

는 단순히 무서워하는 것이 아님을 알 수 있습니다. 하나님의 임재로 인해 사람들은 경이로움을 경험했습니다. 그래서 그들은 황홀하게 되었습니다. 이 황홀감이 하나님을 경외하게 만드는 원동력이 되었던 것입니다. 이 경외심은 사람들의 충성심을 일깨웠습니다. 이제 그들은 즐거운 마음으로 말씀을 지키며 살 수 있게 되었습니다. 하나님이 무서워서 조심하며 사는 것이 아닙니다. 하나님에 대한 감동이 그들을 거룩하게 살도록 만든 것입니다. 이것이 예배의 삶입니다.

> 주 외에는 자기를 앙망하는 자를 위하여 이런 일을 행한 신을 옛부터 들은 자도 없고 귀로 들은 자도 없고 눈으로 본 자도 없었나이다
>
> (사 64:4)

경이로움에서 출발한 충성심은 예배의 삶으로 이어졌습니다. 예배의 삶은 하나님을 "앙망"하는 것으로 나타날 것입니다. 위 구절에서 '앙망'은 히브리어로 '하카'입니다. '하카'는 하나님을 '기다린다'는 뜻입니다. 하나님을 경험해 보았기 때문에 차분히 그의 하실 일을 기다릴 수 있습니다.

목사는 시내 산에서 이스라엘이 경험했던 경이로우신 하나님을 경험한 사람입니다. 그래서 일반적인 삶을 버리고 목회의 길로 들어선 사람입니다. 거대한 하나님의 임재 속에만 자신의 희망을 둔 것이죠. 그렇다면 진짜 목사들은 하나님의 일하심을 기다려야 합니다. 간절히 기다려야 합니다. 지나치다 할 정도로 하나님만

바라는 삶을 살아야 합니다. 이것은 세상의 일상적인 삶을 무시하는 삶을 말하는 것이 아닙니다. 일반적인 기준에서 보았을 때, 아무래도 이해할 수 없는 '하나님 바라기'의 자세가 있어야 한다는 것입니다.

'하나님이라면 이 상황을 어떻게 바라보실까?'

'하나님이라면 이 사람을 어떻게 대하기를 바라실까?'

일반적인 사람이라면 이미 다 결론내렸을 일이라 할지라도 목사는 끝까지 하나님이 하시는 일을 기다려야 합니다. 하나님을 기다리는 일은 어려운 일이지만 진짜 목사에게는 그리 어려운 일이 아닙니다. 그저 기쁜 일입니다.

그렇다면 목사가 정말 두려워해야 하는 것은 무엇일까요?

> 예수께서 나오사 큰 무리를 보시고 그 목자 없는 양 같음으로 인하여 불쌍히 여기사 이에 여러 가지로 가르치시더라 (마 6:34)

교인들의 삶의 방향입니다. 그들의 삶이 어느 방향으로 가고 있는지에 대한 두려움입니다. 왜냐하면 하나님이 이 일에 가장 관심이 있으시기 때문입니다. 하나님의 백성들이 하나님을 바라보고 살지 않고 세상을 바라보고 살아가고 있다면, 목사는 그들을 위해 목놓아 울어야 합니다. 자기가 마치 하나님이라도 된 것처럼 몸이 쇠하도록 걱정하며 울어야 합니다. 그리고 지팡이를 들고 양떼의 방향이 온전할 수 있도록 최선을 다해 인도할 것입니다. 때로는 하나님과 같이 야단을 치기도 하고 달래기도 하면서 교인들이 참 그리스도인의 삶을 살 수 있도록 돕습니다.

이런 목사의 고심은 반드시 성도들에게 보이기 마련입니다. 마음의 생각은 삶으로 드러나니까요. 성도들은 성령의 인도하심을 받습니다. 그들은 성령의 걱정을 헤아릴 수 있고 목사가 하는 걱정도 볼 수 있습니다. 그래서 성도들은 목사를 돕습니다. 같이 주의 양떼들의 방향을 하나님께 향하게 하려고 힘을 모읍니다. 물론 많지는 않겠지만 하나님의 경이로움을 경험한 주의 제자들이 목사의 고심을 이해하고 인정해 줄 것입니다.

여러분의 목사는 무엇을 두려워하고 있습니까? 그 두려움은 하나님을 향하고 있습니까?

사랑으로 비난을 대처하는 목사

'안티'(anti)라는 말을 들어보셨지요? 원래 '안티'는 영어에서 반대를 나타내는 접두어입니다. 그런데 지금은 누군가를 별 이유 없이 싫어하고 괴롭히기까지 하는 사람들을 지칭하는 말로 사용되고 있습니다. 그래서 연예인들 중에 거의 대부분은 안티들을 가지고 있습니다. 이들 때문에 신체적으로, 심적으로 고생을 하고 있습니다. 어떤 이들은 심각한 트라우마를 겪기도 합니다.

목사에게도 이런 '안티'들이 있을까요?

당연히 있습니다. 목사를 대놓고 싫어하는 사람들, 목사가 하지 않은 일에 대해서 반복적으로 거짓말을 하는 사람들, 목사가 하는 일에 사사건건 반대하는 사람들, 목사에게 함정을 파놓고 걸려들게 하려는 사람들까지 다양한 종류의 안티들이 있습니다. 얼마나 다양한 방법으로 목사를 어려움에 빠지게 하는지 모릅니다.

그들은 논리적이라기보다 그냥 목사를 비난하고 비판합니다.

"오늘 목사님 넥타이가 왜 그래?"

"우리 목사님, 인정이 없는 사람인 거 같아."

"영성이 부족해 보이지 않아?"

"인격이 더 자라야 해."

"영성만큼 지성도 있어야 되는데."

더 심한 경우에, 목사의 인격 자체를 모독하기까지 합니다. 물론 정확한 근거는 없습니다. 그냥 그들의 기분입니다. 자신의 기분에 따라 개구리에게 돌 던지듯이 목사를 비난합니다.

"이렇게 해서 사람들이 교회에 오겠어? 목사님은 세상을 너무 몰라."

"교육부서에만 재정을 이렇게 많이 쓰면 어떻게 해. 당장 우리가 사용해야 할 부분이 얼마나 많은데."

"기도만 한다고 다 돼? 우리 목사님은 언제까지 기도만 하자고 할 건지."

목사의 정책에 대해서도 합당한 근거나 적절한 대안을 제시하려 하기보다 비판을 위한 비판을 합니다. 이럴 때 목사는 어떻게 해야 할까요?

당연히 목사는 보복하면 안 됩니다. 목사이기 때문에 그렇습니다. 목사는 죄인을 사랑하는 사람입니다. 그래서 참아야 합니다. 하나님은 목사에게 귀한 양을 맡기셨습니다. 하지만 목사에게 양과 염소를 가려낼 권리를 주지는 않으셨습니다. 물론 교회 공동체 전체를 위해서 판단을 해야 할 때도 있습니다. 하지만 가능하면 목사 단독으로 판단하지 말고 교회의 리더들과 공동체 전체가 지혜를 모아 처리하는 것이 옳습니다. 목사 개인은 참고 사랑하는 것이 옳습니다.

> 예수께서 나오사 큰 무리를 보시고 그 목자 없는 양 같음으로 인하여 불쌍히 여기사 이에 여러 가지로 가르치시더라 (막 6:34)

참된 목사는 기본적으로 양을 사랑합니다. 측은히 생각합니다. 그래서 그들을 더욱 사랑합니다. 오래 인내하며 그들을 가르칩니다.

> 또 네 이웃을 사랑하고 네 원수를 미워하라 하였다는 것을 너희가 들었으나
> 나는 너희에게 이르노니 너희 원수를 사랑하며 너희를 박해하는 자를 위하여 기도하라 (마 5:43-44)

하나님은 죄인된 목사를 먼저 사랑하셨습니다. 참된 목사는 이것을 잘 압니다. 그리고 받을 수 없는 놀라운 직분을 은혜로 받았다는 것을 압니다. 그래서 자신을 음해하는 교인들도 일차적으로 불쌍히 여깁니다. 그들을 진심으로 받아줍니다. 싸울지라도 그들을 위해 끝까지 기도합니다.

물론 거짓된 목사들은 그렇게 하지 않습니다. 본때를 보여 줍니다. 자신이 가진 모든 힘을 동원해서 누르고, 모든 정치적인 방법들을 동원해서 그들의 입을 틀어막습니다. 그리고 "봐라, 나에

게 까불었지? 대가는 아주 쓸 것이다"라고 외치면서 보복합니다. 우리 주님 예수가 보이신 길과는 조금도 닮지 않았습니다.

> 또 눈은 눈으로, 이는 이로 갚으라 하였다는 것을 너희가 들었으나
> 나는 너희에게 이르노니 악한 자를 대적하지 말라 누구든지 네 오른
> 편 뺨을 치거든 왼편도 돌려 대며 (마 5:38-39)

얼마나 안됐습니까? 가짜 목사들은 참으로 불쌍합니다. 그들은 하나님을 모릅니다. 지식적으로는 하나님을 잘 안다고 생각할 수 있습니다. 하지만 그것은 자신들의 방식으로 하나님을 안 것입니다. 그들은 하나님적인(?) 것에 많은 시간을 보냈을 것입니다. 하지만 하나님의 사랑은 조금도 알지 못한 사람들입니다. 그래서 그들은 그리스도 예수의 깊은 사랑과 측은지심을 누구에게도 나누어 줄 수 없습니다. 자신이 말할 수 없이 큰 빚을 탕감받았다는 것을 모르는 사람이 굳이 다른 사람의 빚을 탕감해 주지는 않지요. 그래서 그들은 자신에게 조금이라도 나쁘게 대하면, 참지 못하고 달려들어 제압하려 합니다.

> 그 종의 주인이 불쌍히 여겨 놓아 보내며 그 빚을 탕감하여 주었더니
> 그 종이 나가서 자기에게 백 데나리온 빚진 동료 한 사람을 만나 붙들
> 어 목을 잡고 이르되 빚을 갚으라 하매 (마 18:27-28)

여러분의 목사는 어떻습니까? 여러분의 목사는 이런 경우에

어떤 반응을 보입니까? 혹 마음에 꽁하고 있지는 않습니까? 힘이 미약해서 지금은 참고 있지만, 힘을 기르고 있지는 않습니까? 틈이 보일 때를 노리고 있지는 않습니까? 다른 세력을 동원하고 사모까지 동원해서 그 일에 적극적으로 대응하지 않습니까?

진짜 목사가 비난과 비판에 대처하는 모습은 구체적으로 어떤 것일까요? 예수님은 우리의 이해를 돕기 위해 좋은 예들을 제시해 주셨습니다. 마태복음에 나타난 예수님의 대처법을 살펴봅시다.

마태복음에서만 보면, 예수님은 약 14번 정도의 비난과 비판을 받습니다. 연속으로 세 번 공격을 받기도 합니다. 마태복음 22장에서 예수님은 바리새인들과 사두개인들 그리고 한 율법사에게 연속해서 세 번 공격을 받습니다(물론 다른 복음서에서는 다른 시간차로 나타나고 있습니다). 그때 예수님의 마음은 어땠을까요? 금방 알 수 있겠지만, 상당히 힘드셨을 것입니다. 왜냐하면 예수님 또한 온전한 인간이셨기 때문입니다. 어떤 사람이든지 이런 식으로 집중포화를 맞게 되면 못 견딜 정도로 힘듭니다.

그들의 공격은 날카로웠습니다. 바리새인들과 서기관, 율법사, 사두개인들은 소위 성경 전문가들입니다. 지금으로 말하면 목사나 신학교 교수죠. 그런 성경 전문가들이 다른 목사 한 사람을 세워 놓고 집중 공격을 한 것과 같습니다. 저 같았으면 심적·육적으로 그로기 상태가 되었을지도 모르겠습니다.

그런 상태에서 예수님의 반응은 어땠을까요? 신경질적인 반응을 보이셨을까요? "내가 누군 줄 알고 이러는 거야. 한두 번도 아니고 말이야. 내가 봐주고 봐줬는데, 이제는 안 되겠다. 천군 천사를 불러 너희들을 한 번에 쓸어 버려야겠다. 너희는 말이 안 통해"라고 말씀하셨을까요?

놀랍게도 예수님은 첫 질문부터 마지막 질문까지 차분히 대답해 주셨습니다. 예수님은 참 멋지고 대단한 분이십니다. 예수님은 그들을 처음부터 끝까지 사랑하셨습니다. 송곳 같은 질문에도, 반복적인 괴롭힘에도 늘 차분하고 정리된 반응을 보여 주셨습니다. 준비를 하고 계셨던 것입니다. 예수님은 오히려 그들이 잘못 알고 있는 부분에 대해서 정확한 답을 주려고 노력하셨습니다. 왜냐하면 언젠가 그들도 주의 거룩한 백성이 될 수 있기 때문입니다.

그런데 여기서 우리가 알아야 할 중요한 것이 있습니다. 예수님은 인간인 목사보다 훨씬 어려운 점이 있었다는 것입니다. 뭐가 어려웠는지 하나씩 짚어 보도록 하겠습니다.

첫째, 예수님은 인간의 마음을 다 아시는 분이십니다.

어떤 서기관들이 속으로 이르되 이 사람이 신성을 모독하도다
예수께서 그 생각을 아시고 이르시되 너희가 어찌하여 마음에 악한 생각을 하느냐
네 죄 사함을 받았느니라 하는 말과 일어나 걸어가라 하는 말 중에 어느 것이 쉽겠느냐 (마 9:3-5)

목사들이 사람들의 마음을 알 수는 없습니다. 그러나 예수님은 사람들의 마음 소리를 다 들을 수 있으셨습니다. 사람은 속으로

온갖 이야기를 합니다. 하지만 예수님은 그것을 알고도 넘어가셨습니다. 마음은 많이 아프셨을 것입니다. 예수님은 이런 극심한 고통 속에서 차분하게 설명해 주신 것입니다.

둘째, 예수님은 사탄이라는 말까지 들으셨습니다.

> 바리새인들은 듣고 이르되 이가 귀신의 왕 바알세불을 힘입지 않고는 귀신을 쫓아내지 못하느니라 하거늘
> 예수께서 그들의 생각을 아시고 이르시되 스스로 분쟁하는 나라마다 황폐하여질 것이요 스스로 분쟁하는 동네나 집마다 서지 못하리라 (마 12:24-25)

혹시 여러분 중에 목사가 있으십니까? 여러분이 사역 중에 사탄이라는 말을 들어본 적이 있습니까? 특히 주위의 교회 목사들이 떼로 몰려와서 "사탄아, 에이~ 사탄 같은 놈아!" 하면서 난리를 친다면, 마음이 어떻겠습니까? 다 놔버리고 싶지 않겠습니까. "하나님, 저 못합니다. 저 할 만큼 한 것 같습니다. 저 이런 소리까지 들을 수는 없습니다." 너무 화가 나지 않겠습니까?

예수님은 어떠셨을까요? 같은 랍비로부터 "너는 사탄이야. 사탄의 우두머리야"라는 치욕적인 말을 들으셨습니다. 예수님의 사역은 그저 이사야의 예언을 이루어 가신 것뿐인데 말입니다.

> 주 여호와의 영이 내게 내리셨으니 이는 여호와께서 내게 기름을 부으사 가난한 자에게 아름다운 소식을 전하게 하려 하심이라 나를 보

내사 마음이 상한 자를 고치며 포로된 자에게 자유를, 갇힌 자에게 놓임을 선포하며

여호와의 은혜의 해와 우리 하나님의 보복의 날을 선포하여 모든 슬픈 자를 위로하되 (사 61:1-2)

하지만 예수님은 차분하셨습니다. 심한 모욕 속에서 신기할 정도로 차분하게 원리를 설명해 주셨습니다. "자기 집안을 무너뜨리면서 일어서는 세력은 없다"고 말씀하셨습니다. 진심으로 그들이 깨닫기를 바라셨던 것입니다.

마지막 셋째, 예수님은 자신을 죽이려는 사람들과 만났습니다.

바리새인들이 나가서 어떻게 하여 예수를 죽일까 의논하거늘 (마 12:14)

누군가가 여러분을 죽이려고 한다면 어떻게 하시겠습니까? 그것을 알면서도 자연스럽게, 심지어 사랑을 품은 채로 그들을 만날 수 있겠습니까? 혹시 만날 때 안면 근육이 경직되지는 않을까요? 눈동자가 흔들려서 그들을 쳐다볼 수나 있겠습니까? 손은 떨리지 않겠습니까? 말이 부드럽게 나가겠습니까?

예수님은 다 알고 계셨습니다. 누가 언제 자신을 죽일 작전을 세웠는지 아셨습니다. 하지만 그 속에서도 그들을 좋게 대해 주셨습니다.

목사는 어떻게 해야겠습니까? 솔직히 목사가 예수님과 같은 처참한 상황에 처하기란 힘듭니다. 누가 목사를 정말로 죽이려고

하겠습니까. 그냥 비난하는 수준이고, 심하다고 해야 멱살 잡고 뺨 때리는 정도일 것입니다. 그러니 사랑으로 대할 수 있고 그래야 합니다. 혹 정말 목사가 죽임을 당할 때에라도 그들을 사랑으로 대해야 합니다. 사실 우리가 먼저 예수 그리스도를 죽인 살인자이기 때문입니다. 목사는 참회심을 경험한 사람들입니다. 자신의 죽을 죄를 안다면 어떤 사람이든 사랑해야 하는 것이 기본입니다.

자, 그럼 목사들은 자신들을 비판하는 사람들에게 어떻게 대해야 하는지 살펴봅시다.

첫째, 성경 말씀으로 풀어야 합니다.

그 때에 예수께서 안식일에 밀밭 사이로 가실새 제자들이 시장하여 이삭을 잘라 먹으니
바리새인들이 보고 예수께 말하되 보시오 당신의 제자들이 안식일에 하지 못할 일을 하나이다 (마 12:1-2)

예수님의 제자들은 큰 잘못을 했습니다. 안식일에 하지 못할 일을 했죠. 제자라는 사람들은 소위 하나님을 위해 자신의 모든 생업을 버린 사람들입니다. 전적으로 하나님께 헌신한 사람들입니다. 죽을 각오를 한 사람들이죠. 그런데 배고픔 하나 참지 못하고 안식일에, 그것도 남의 이삭을 먹었습니다. 큰 잘못입니다. 자격 논란에 빠진다고 해도 할 말이 없을 정도입니다. 이것은 목사가 주일에 하지 못할 일을 한 것이나 다름없습니다. 바리새인들은 그들

의 품위에 대해서 지적했습니다.

정곡을 찔린 예수님은 어떻게 하셨을까요? 화를 내셨겠죠? 그런데 그렇게 하지 않으셨습니다. 말씀으로 풀어 주셨습니다.

> 예수께서 이르시되 다윗이 자기와 그 함께 한 자들이 시장할 때에 한 일을 읽지 못하였느냐
>
> 그가 하나님의 전에 들어가서 제사장 외에는 자기나 그 함께 한 자들이 먹어서는 안 되는 진설병을 먹지 아니하였느냐
>
> 또 안식일에 제사장들이 성전 안에서 안식을 범하여도 죄가 없음을 너희가 율법에서 읽지 못하였느냐 (마 12:3-5)

예수님의 대답이 약한 것은 아니었습니다. 성경 박사들에게 "너희는 성경도 읽어 보지 못했느냐?"라고 하셨으니 아주 강한 답변이죠. 그러고는 계속 설명해 주셨습니다. "너희들이 그렇게 하늘같이 높이 떠받드는 다윗도 그렇게 했다. 그런데 그런 잘못을 하나님이 수용해 주신 것이다"라고 명확하게 설명해 주셨습니다. 강한 답변이면서 성경에 근거한 정확한 답변이었습니다.

그렇다면 진짜 목사는 어떻게 해야 할까요? 화내지 말고, 차분하게 성경을 근거로 말해야 합니다. 때로는 강하게 말할 수 있습니다. 하지만 그것은 반드시 성경에 근거해야 합니다. 요즘 목사들은 세상적으로 똑똑한 사람들이 많습니다. 그래서 성경을 넘어서서 자신의 생각을 덧붙여 말할 때가 많습니다. 그러나 예수님은 담백하게 성경이 말하는 것까지만 정확히 답해 주셨습니다.

여러분의 목사는 어떻게 하고 있습니까? 혹시 화를 먼저 내고 있지는 않습니까? 그들의 답변이 성경적입니까? 잘 살피셔야합니다. 물론 여러분도 그 답변이 성경적인지 아닌지 알 수 있을정도의 수준이 되어야 합니다. 그래야 여러분의 목사가 하는 일이옳은지 그른지를 판단해 낼 수 있습니다.

둘째, 핵심을 보게 해야 합니다.

그 때에 바리새인과 서기관들이 예루살렘으로부터 예수께 나아와이르되

당신의 제자들이 어찌하여 장로들의 전통을 범하나이까 떡 먹을 때에 손을 씻지 아니하나이다 (마 15:1-2)

이 일은 일반적인 전통으로 봤을 때 제자들이 잘못한 겁니다.손을 씻고 음식을 먹는 것은 이스라엘 사람이라면 누구나 하는 일이었습니다. 그렇게 해야 하는 일이었습니다. 그런데 제자들은 그렇게 하지 않았습니다. 그래서 바리새인들의 지적은 정당해 보입니다.

사실 이 일을 정확히 이해하려면 이스라엘의 정결법을 알아야 합니다. 탈무드에 보면 많은 실천법들이 있습니다. 물로 씻는법만 해도 수십 가지가 있습니다. 그러니까 손을 씻고 먹는 것은보편적인 상식이라는 것을 아셔야 합니다. 이 정도로 정당하면(?)바리새인들의 비판을 받아주어야 하지 않을까요?

대답하여 이르시되 너희는 어찌하여 너희의 전통으로 하나님의 계명을 범하느냐

하나님이 이르셨으되 네 부모를 공경하라 하시고 또 아버지나 어머니를 비방하는 자는 반드시 죽임을 당하리라 하셨거늘 (마 15:3-4)

그런데 예수님은 오히려 바리새인들을 더 야단치고 계십니다. 왜 그러셨을까요? 그들은 진짜 핵심을 놓치고 있었기 때문입니다.

"좋다. 그럼, 우리 정말 경중을 한번 따져 보자. 너희는 하나님이 주신 십계명을 지키는 것이 더 중요하냐, 너희가 만든 계명을 지키는 것이 더 중요하냐?"

재밌게도 바리새인들은 제5계명을 지키지 않고 살았습니다. 바리새인들은 눈 가리고 아웅 하는 식으로 "하나님께 드렸습니다"라고 선언하고 부모에게는 돈을 드리지 않았습니다. 그들은 부모를 섬기지 않았습니다. 보기 좋게 하나님의 율법을 유린한 것입니다. 자기들의 마음에 들지 않았기 때문에 버렸습니다. 그러면서 자기들이 만든 계명은 꼭 지켜야 한다고 주장하고 있습니다. 이것이 얼마나 큰 아이러니입니까?

예수님은 이것을 지적하고 싶으셨습니다. 율법은 자신의 기호에 따라 지키는 것이 아니라, 마음을 다해 하나님을 섬기듯 지켜야 합니다. 그런데 이런 핵심은 제쳐놓고 손 씻는 지엽적인 문제에 집중하는 것은 옳지 않다는 것입니다.

입으로 들어가는 것이 사람을 더럽게 하는 것이 아니라 입에서 나오는 그것이 사람을 더럽게 하는 것이니라 (마 15:11)

예수님은 이제 더 확장된 핵심을 보게 하십니다. '진짜 더러움'에 대한 핵심입니다. 진짜 더러움은 마음으로부터 올라와서 입으로 표현된다는 것입니다. 정결법이라는 계명 자체를 뒤흔드는 말씀입니다.

"정결법이 입으로 먹는 것에 초점이 맞춰져 있었다. 그러나 정말 더러운 것은 입으로 들어가는 것이 아니라, 입에서 나오는 것에 있다. 이것을 너희는 알고 있느냐?"라고 말씀하셨습니다. 진짜 정결이 필요한 곳이 어디인지 알려 주신 것입니다. 더러움의 근원을 파악할 수 있어야 진정한 정결을 이룰 수 있다고 핵심을 찌르셨습니다.

목사는 이처럼 핵심을 볼 수 있어야 합니다. 그러나 사람의 힘만으로는 보기가 어렵습니다. 성령으로 충만하여, 하나님이 보는 안목으로만 볼 수 있습니다. 성령은 하나님의 기준입니다. 그래서 목사는 충만한 성령으로 하나님이 보여 주시는 핵심을 볼 수 있어야 합니다. 여러분의 목사는 어떻습니까? 사람들이 비판할 때, 하나님의 핵심을 볼 수 있도록 돕고 있습니까? 무엇이 진짜 문제인지 보게 합니까?

셋째, 누구나 질문할 수 있게 허용해야 합니다.

그런데 바리새인 중에 니고데모라 하는 사람이 있으니 유대인의 지
도자라
그가 밤에 예수께 와서 이르되 랍비여 우리가 당신은 하나님께로부
터 오신 선생인 줄 아나이다 하나님이 함께 하시지 아니하시면 당신
이 행하시는 이 표적을 아무도 할 수 없음이니이다 (요 3:1-2)

저는 예수님께 부러운 것이 많습니다. 그중에서도 가장 부러
운 것이 누구에게나 자신을 열어 주셨다는 것입니다. 앞에서도 말
씀드렸듯이, 마태복음에서만 14번이나 종교 지도자들의 공격을
받아주셨습니다. 한 번도 그냥 내치지 않으셨습니다. 어떤 사람이
든지 자기가 하고 싶은 말을 할 수 있도록 허락해 주신 것입니다.
요한복음 3장에서도 예수님은 바리새인 니고데모를 받아주
셨습니다. 나쁘게 말하면, 니고데모는 예수님이 정말 메시아인지
테스트하기 위해서 찾아온 것이었습니다. 하지만 예수님은 그런
그와 오래 이야기를 나누어 주셨습니다.
니고데모는 성경(구약)을 잘 알았습니다. 메시아가 해야 하는
일을 너무나도 잘 알았습니다. 그래서 예수님이 하시는 일들을 보
면 그분이 메시아라는 것을 알 수 있었습니다. 그렇지만 예수님을
메시아라고 확신할 수는 없었지요. 예수님이 자기가 상상하던 메
시아와는 전혀 다른 모습을 하고 계셨으니까요. 니고데모가 생각
하던 메시아의 모습은 이스라엘을 로마로부터 구원하는 놀라운
제왕의 모습이었을 것입니다. 하지만 예수님은 그렇지 않았습니
다. 그래서 한밤중에 예수님을 찾아와서 직접 테스트해 보고 싶었

던 것 같습니다. 예수님은 그것을 알면서도 받아주셨습니다. 의심하고 왔는데도 기꺼이 대화를 나누셨습니다. 그의 질문들에 합당한 답을 성실하게 제시해 주셨습니다.

목사도 마찬가지여야 합니다. 분명 자신을 테스트하러 온 사람이라 할지라도 받아주어야 합니다. 질문할 수 있게 해야 합니다. 그렇게 하는 것이 예수님의 모습을 좇아가는 목사의 모습입니다. 진짜 목사는 어떤 경우에라도 사람을 사랑으로 대한다는 것을 기억하십시오.

3

선택과
책임

나에게 맞는 목사를
선택해야 한다

이제 아주 중요한 문제가 남았습니다.

'나는 어떤 목사를 선택할 것인가?'

실제로 목사를 선택하는 문제입니다. 본인이 직접 택해야 합니다. 그래야 후회가 없습니다. 저는 앞에서 다양하고도 구체적인 판단 기준들을 말씀드렸습니다. 그러므로 이제 여러분이 힘들어도, 어려워도, 자신의 기준들을 세우고 목사를 택해야 합니다.

그러면 첫째로 여러분이 행복해질 것입니다. 적극적으로 신앙생활을 할 수 있을 것이기 때문입니다. 그다음은 목사가 바뀝니다. 생각보다 훌륭한 목사들로 교회가 채워질 것입니다. 마지막으로 교회도 바뀝니다. 또한 하나님의 뜻이 이 땅에 보다 정확하게 드러날 것입니다. 그 중요한 일을 성도들이 목사를 선택하는 것으로 할 수 있습니다.

하나님도 성도들이 다양한 기준으로 목사를 선택할 수 있도록 배려하십니다. 여담이지만, 한국 교회에는 지금보다 훨씬 다양한 부류의 목사들이 존재해야 합니다. 그렇게 되려면 교회 및 성도들이 꾸준히 다양한 목사들을 키워 내야 합니다. 그것의 출발은 바로 목사를 선택하는 일로 시작될 것입니다.

> 그런즉 아볼로는 무엇이며 바울은 무엇이냐 그들은 주께서 각각 주신 대로 너희로 하여금 믿게 한 사역자들이니라
> 나는 심었고 아볼로는 물을 주었으되 오직 하나님께서 자라나게 하셨나니
> 그런즉 심는 이나 물 주는 이는 아무 것도 아니로되 오직 자라게 하시는 이는 하나님뿐이니라 (고전 3:5-7)

고린도 교회에도 목회자 선택의 문제가 있었습니다. 그 문제가 심각해서 분쟁까지 갔습니다. 하지만 이 사건은 깊은 의미가 있습니다. 성도들이 자신들의 기호에 따라 목회자에 대한 의견을 표출했기 때문입니다. 고린도 교회에 큰 영향을 미친 목회자는 베드로, 아볼로, 바울, 그리스도, 네 명의 목회자들이었습니다. 이들의 사역 스타일은 다 달랐습니다. 그래서 성도들도 그들에 대한 기호가 달랐습니다.

중요한 것은 문제 해결에 나선 바울도 이런 다름을 인정했다는 것입니다. 바울은 성도들의 기호를 문제 삼은 것이 아니라, 그것이 분쟁까지 간 것이 문제라고 지적했습니다. 교회는 사랑을 이루는 공동체여야 하기 때문입니다.

그래서 바울은 각 목회자들의 사역 의미에 대해서 설명해 주었습니다. 목회자들의 스타일은 달랐지만, 성도들을 하나님께로 나아가도록 돕는 일은 똑같았다고 정리하여 주었습니다.

당시만 해도 지금과 같이 자신이 직접 목회자를 선택하기는 어려웠습니다. 제일 문제는 교통이 발달하지 못했다는 것이었습니다. 이동이 자유로울 수 없기 때문에 자기가 좋아하는 목회자가 있어도 거기까지 가기가 어려웠습니다.

목회자의 수도 절대적으로 부족했습니다. 그래서 바울도 성도들의 취향을 적극적으로 받아줄 수는 없었을 것입니다. 하지만 지금은 달라졌습니다. 교통수단이 무서울 정도로 발달했고, 놀라운 모바일 환경이 구축되었습니다.

그렇다면 교통과 모바일 환경이 고도로 발달한 상황에서 여러분은 어떤 목사를 선택하시겠습니까?

저는 25년을 고향에서 살다가 1998년에 서울에 왔습니다. 당시만 해도 인터넷과 교회 홈페이지가 발달되지 않았습니다. 그래서 지방에 살다가 서울로 오면 거의 두 가지 패턴으로 교회를 선택했습니다.

첫째는 유명하고 큰 교회를 선택하는 것입니다.

둘째는 다니던 교회 목사님이 추천해 주신 교회로 가는 것입니다.

저의 경우는 교회 목사님으로부터 추천받은 교회가 없었습니다. 그래서 여러 교회를 방문해 볼 수밖에 없었습니다. 일단 저희 교단의 여러 교회를 돌아보았습니다. 한 달 동안 네 교회들을 가보았습니다. 주일마다 새로운 교회를 가본다는 것은 생각보다 힘든 일이었습니다. 예배 시간을 알기도 힘들었습니다. 지금은 인터넷 홈페이지에서 교회 위치도 파악하고 예배 시간도 쉽게 알 수 있습니다. 그리고 네비게이션으로 찾아가면 되지요. 하지만 당시는 일일이 전화해서 예배 시간을 묻고 위치를 파악해야 했습니다. 그리고 지도를 들고 두리번거리며 찾아가야 했습니다. 수고로운 일이었지만 최선을 다했습니다. 영적 생명이 달린 문제였기 때문입니다. 그런데 그 교회들이 모두 제 마음에는 들지 않았습니다.

그래서 크고 유명한 교회로 눈길을 돌렸습니다. 갔더니 먼저, 화장실이 너무나 깨끗하고 편리했습니다. 그리고 예배드리는 홀에 비어 있는 의자가 없었습니다. 이런 일은 수련회 때나 경험할 수 있는 황홀한 경험이었습니다. 심지어 접는 의자도 없어 뒤에 서서 예배드리는 사람들도 있었습니다. 그런데 설교가 저에게 크게 다가오지 않았습니다. 큰 교회, 유명한 목사님이라 그런지, 편안하고 쉽게 설교를 잘 하셨습니다. 하지만 저에게는 그 강도가 약했습니다. 그때 저는 깨달았습니다. '아, 나는 임팩트 있는 설교를 찾고 있었구나.' 그래서 다시 교회를 찾기 시작했습니다.

이번에는 저희 교단 중 조금 큰 교회를 찾아갔습니다. 이 교회 목사님은 제가 대학생 때 수련회를 통해서 설교를 들어보았던 목사님이었습니다. 첫 주에, 로마서 설교를 듣는데 제 가슴이 뛰기 시작했습니다. 얼마나 좋은지 한주 한주 설교가 자연스럽게 암기될 정도였습니다. 수련회 때 느꼈던 감동보다 훨씬 진한 감동이 말씀을 통해 전해져 왔습니다. 그래서 저는 그 교회로 결정하고 열심히 다녔습니다. 목회자가 된 지금 생각해 봐도 그때의 선택은 아주 잘한 선택이라 생각합니다.

여러분은 어떤 목사를 선택하시겠습니까?

깊은 설교를 하는 목사를 선택하시겠습니까? 아니면 제자훈련을 잘하는 목사를 선택하시겠습니까? 유머가 많은 목사를 선택하시겠습니까? 아니면 특이하게도, 여러분을 말씀으로 치는 설교를 하는 목사를 선택하시겠습니까?

기호에 따라 다양하게 선택할 수 있습니다. 그 목사들이 성도들을 하나님께로 연결해 줄 수 있다면 어떤 부류의 목사들이든 괜찮습니다.

그런데 여기서 우리는 좀더 시간을 들여 따지고 넘어가야 합니다. 정말 아무나 여러분을 하나님께로 연결해 줄 수 있느냐 하는 것입니다.

죽어 있는 영혼을 깨워 주님께로 인도하는 일은 어떤 목사가 할 수 있을까요? 그냥 신학교 나온 목사들이면 충분히 그 일을 해낼 수 있을까요? 그렇지 않습니다. 영적으로 탁월한 능력을 가진 목사들만이 할 수 있습니다. 사람들의 영적 상태를 정확히 파악하고, 현 시대와 미래 시대의 판도를 볼 수 있는 눈을 가지고 있어야 합니다. 그래야 구원의 길로 인도할 수 있습니다. 또한 목회에 자신의 목숨을 걸 수 있도록 훈련된 사람들이어야 합니다.

여러분의 목사는 자신의 삶에서 구원의 길을 보이고 있습니까? 구원의 길을 증명해 보이고 있습니까?

그다음으로 우리가 생각해 볼 것은 특별히 나에게 맞는 목사를 선택하는 문제입니다.

영국 최고의 축구 리그 EPL(English Premier League)을 보면, 아주 실력 있는 감독이라고 해서 거액을 주고 스카우트해 왔는데 그 팀과 맞지 않는 경우가 종종 있습니다. 그러면 팀도 망하고 감독 자신의 이력에도 안 좋은 기록을 남기게 됩니다.

무엇이 문제일까요?

그 감독들은 이미 능력이 검증된 감독들입니다. 최고의 실력자들이죠. 이 팀에서 실패했다고 해서 능력이 없다고 말할 수 없습니다. 그렇다면 뭐가 문제입니까? 감독과 팀이 서로 맞지 않아서 그랬던 겁니다.

어떤 감독은 중위팀을 아주 잘 이끕니다. 그런데 이 감독이 상위팀에만 가면 팀도 망하고 자신도 엉망이 됩니다. 어떤 감독은 강등권팀을 어떻게든 살려서 다음 시즌에도 EPL에서 뛸 수 있게 만듭니다. 영국 리그에서는 최고인데, 스페인 리그에 가면 죽을 쑤는 감독들도 있습니다.

목사는 어떨 것 같습니까? 목사도 마찬가지입니다. 그가 능력 있는 목사라 해도 모든 것을 다 잘할 수는 없습니다. 자신이 특별히 잘하는 것이 있습니다. 영적 경험을 잘 알려 주는 목사, 성경을 잘 가르쳐 주는 목사, 다정다감한 목사, 교리를 잘 가르쳐 주는 목사 등 특히 잘하는 것이 있습니다.

그렇다면 성도들은 목사의 특징을 살펴봐야 합니다. '나는 어떤 목사와 함께하면 영적 시너지를 낼 수 있을까?' 자기와 잘 맞는 목사를 찾을 때까지 열심히 관찰하고, 깊이 고민해 봐야 합니다. 만약 결정되면, 힘을 다해서 그 목사와 함께 자신의 구원을 이루어 가야 합니다. 그러면 혼자 신앙생활을 할 때와는 전혀 다른 영적 시너지를 경험하게 될 것입니다.

하지만 자기와 맞는 목사를 찾을 수 없다고 포기해 버린다면 그것보다 미련한 일은 없습니다. 귀찮아서 그 일을 멈춘다면 자신의 영적 생명에 대해서 무책임한 일을 한 것과 다름없습니다. 끝까지 자기에게 맞는 목사를 찾기 위해서 노력할 수 있기를 간절히 바랍니다. 그 과정에서 하나님의 특별한 은혜를 경험할 수 있을 것입니다.

마지막으로 교회가 목사를 청빙할 때를 생각해 보도록 하겠습니다. 성도 개개인과 마찬가지로, 교회도 자신들의 영적 시너지를 일으킬 수 있는 목사를 청빙하는 것이 중요합니다. 그러나 지금까지 교회의 청빙 과정은 일반적으로 개방된 형태를 갖추지 못했습니다. 거기에는 현실적인 문제가 있습니다. 전체 교인들이 청빙 과정에 모두 나설 수 없다는 한계가 있지요. 그래서 소수의 청빙위원들만이 그 일을 감당했습니다. 그에 따라 문제점들이 다양하게 나타났습니다. 어쩔 수 없는 독점이 그런 현상을 만들어 냈던 것입니다.

하지만 이제는 이런 문제점을 줄일 수 있는 길이 열렸습니다. 보다 다양한 방식으로 교인들의 의견을 모을 수 있게 되었기 때문입니다. 공식적인 공청회를 몇 차례 열 수도 있습니다. 교회 홈페이지를 통해 청빙 과정을 중계하듯이 자세히 알릴 수도 있습니다.

그리고 개인 SNS를 통해 여러 정보들을 공유할 수 있습니다. 그때그때 거의 실시간으로 다양한 의견들과 여러 피드백을 얻을 수 있게 되었습니다. 이 모든 과정들 속에서 집단지성과 집단영성이 명확하게 드러날 것입니다. 그러면 교회는 자연스럽게, 자신들에게 맞는 목사를 청빙할 수 있을 것입니다.

물론 부가이익도 있습니다. 이런 과정을 통해 청빙된 담임목사는 이미 많은 성도들로부터 지지를 받고 있습니다. 그래서 위임을 받은 후에도 별다른 잡음 없이 교회의 미래를 결정지을 수 있는 중차대한 일들을 교인들과 함께 해나갈 수 있습니다.

이와 같이 성도 개인이나 교회가 적극적으로 자신들에게 맞는 목사를 선택해야 합니다. 적극적으로 기도하고 참여하면서 자신들의 영적인 수준을 업그레이드할 수 있는 목사를 택해야 합니다. 그럴 때 성도는 구원의 길을 이루고, 교회는 하나님의 뜻을 이 땅에 올바르게 나타낼 것입니다.

비전을 제시하는 목사를
선택해야 한다

말씀하시되 나를 따라오라 내가 너희를 사람을 낚는 어부가 되게 하
리라 하시니 (마 4:19)

많은 교인들은 목사를 설교하는 사람이라고 생각합니다. 대
형교회 목사일수록 더 '설교자'로만 각인되어 있을 수 있습니다.
하지만 이것은 예수님이 바라시는 목양의 형태가 아닙니다. 목사
가 해야 하는 목양은 한 사람을 하나님의 온전한 사람이 되도록 돕
는 것입니다. 그래서 종국에는 그들이 온전한 하나님의 사람으로
영원한 생명에 들어가게 하는 것입니다.

그러려면 목사는 교인들의 영적인 면과 함께 그들의 육적인
부분에도 관심을 가져야 합니다. 그래야 진정으로 도울 수 있습니
다. 결국 이런 목양은 하나님의 사람에 대한 매니징(managing)으로
나타납니다. 성도들을 철저히 관리해 주는 것입니다. 이 과정에서

중요한 일이 있습니다. 목사가 성도들에게 새로운 비전을 주는 것입니다. 단순히 세상에서 성공하라는 비전을 던지는 것이 아니라, 하나님이 그 사람을 통해 이 땅에 보이고자 하는 하나님의 비전을 던져야 합니다.

사실 이것은 창조 때 하나님이 각 사람들에게 주신 고유한 목적입니다. 목사는 이것을 찾아가도록 도와야 합니다. 그래서 성도들이 보지 못했던 그들의 거룩한 목적을 보고서 그들에게 새로운 비전을 던져야 합니다.

예수님은 평범한 어부들을 찾아가셨습니다. 그들은 어릴 때부터 물과 물고기와 살았습니다. 몸으로 익힌 지식으로 매일 물고기를 잡으며 살았습니다. 예수님은 천상 어부인 사람들에게 희한한 비전을 던지셨습니다. 평범한 어부로서는 절대 상상할 수 없었던 비전이었습니다. "내가 너희로 사람을 낚는 어부가 되게 하겠다."

그들은 잠시 동안이었겠지만 엄청난 충격을 받았을 것입니다. 한 번도 생각해 본 적이 없었을 테니까요. 또한 그들이 새로운 비전을 이루기 위해서 지불해야 하는 희생도 보통이 아니었습니다. 지금까지의 모든 삶을 버려야 하는 것이었습니다. 하지만 그 비전은 너무나도 매력적이었던 것이 분명합니다. 왜냐하면 그들은 순식간에 자신들의 모든 것을 버리고 그 비전을 좇아 나섰기 때문입니다.

앞에서도 말씀드렸듯이, 사실 이 비전은 창세 전부터 하나님이 제자들에게 주셨던 목적이었습니다. 제자들이 가장 행복하게 살 수 있도록 돕는 목적이었습니다. 이것을 이루며 살 때, 가장 에너지가 넘치고 삶의 의미를 찾을 수 있도록 디자인하셨습니다. 그래서 예수님은 제자들에게 하나님의 원래 목적을 비전으로 던져 주셨습니다. 신약을 보면 쉽게 알 수 있겠지만, 제자들은 이 비전 때문에 세상에서 가장 의미 있고 행복한 삶을 살다 갔습니다.

목사도 예수님과 같이 성도들에게 하나님의 원래 목적을 알려야 합니다. 그들을 가장 행복하고 의미 있게 할 비전으로 던져야 합니다. 그래야 성도들이 인생의 참맛을 보며 살 수 있습니다.

> 삭개오가 서서 주께 여짜오되 주여 보시옵소서 내 소유의 절반을 가난한 자들에게 주겠사오며 만일 누구의 것을 빼앗은 일이 있으면 네 갑절이나 갚겠나이다 (눅 19:8)

삭개오는 돈만 좇던 사람이었습니다. 그래서 삭개오의 주변에는 정말 돈만 있었습니다. 누가복음 19장을 통해서 보면, 삭개오에게는 사람이라고는 없었습니다. 그래서 삭개오는 하나도 행복하지 않았습니다. 그 상황을 부인하고 싶지만, 그는 너무 외로웠습니다.

삭개오의 삶은 아주 심플했습니다. 삶의 목표가 너무나도 분명했으니까요. 목표가 심플하니, 얼마나 열심히 달렸겠습니까? 옆도 보지 않고, 뒤도 돌아보지 않고 그 목표만을 위해 살았습니다. 그리고 이루었습니다. 그런데 하나도 행복하지 않았습니다. 미치도록 외롭기만 했습니다.

삭개오가 어떻게 했겠습니까? 깊이 생각해 보았을 것입니다.

'왜 그럴까? 왜 그럴까? 나는 목표를 이루었는데, 도대체 나는 왜 이럴까? 왜 이토록 외로운 거지? 돈이 이리도 많은데, 도대체 왜 안 행복하지?'

삭개오는 깊이 생각했지만, 그 답을 찾지는 못했을 것입니다.(물론 답을 찾았을 수도 있습니다. 하지만 상황을 바꿀 만한 힘이 그에게는 없었을 것입니다. 그리고 그 답을 외면하고 싶었겠죠.)

예수님은 답을 찾아 헤매던 삭개오에게 답을 주셨습니다. 하나님의 목적이 담긴 비전이었지요. 그가 행복할 수 있도록 비전을 던져 주셨습니다. 그 비전이 구체적으로 어떤 것인지는 알 수 없습니다. 예수님과의 오랜 대화를 통해서 삭개오는 새로운 비전을 갖게 되었을 것이 분명합니다. 그래서 삭개오는 예수님의 제자들과 똑같은 행동을 했습니다. 이전의 모든 삶을 미련 없이 버렸습니다.

삭개오는 삶의 목표였던 목숨과 같은 재산을 모두 내어놓겠다고 선언했습니다. 저는 그것이 전 재산이었을 거라고 확신합니다. 누가복음 19장을 읽어 보면, 삭개오와 같이 문제를 해결해 나가면 결국 그에게는 10원짜리 하나 남지 않을 것이기 때문입니다.

그는 확실히 다른 비전을 갖게 되었습니다. 이제는 전혀 다른 방향을 향해 뛰고 있습니다. 돈만 좇는 사람들이 볼 때는 절대 할 수 없는 결단들을 삭개오는 내려 버립니다. 그런데 제 눈에는 그가 너무나 행복해 보입니다. 하나님의 비전이 그를 바꾸었습니다.

예수께서 이 말을 들으시고 이르시되 네게 아직도 한 가지 부족한 것이 있으니 네게 있는 것을 다 팔아 가난한 자들에게 나눠 주라 그리하면 하늘에서 네게 보화가 있으리라 그리고 와서 나를 따르라 하시니 (눅 18:22)

그러나 모든 사람이 다 예수님의 비전을 받을 수 있는 것은 아닙니다. 어느 날 관원이고 부자인 젊은이가 예수님께 왔습니다. 그리고 영생에 대해서 묻습니다. 무슨 말입니까? 하나님의 비전에 관심이 있다는 말입니다.

그래서 예수님은 그에게 새로운 비전을 주셨습니다. 그가 주의 제자가 될 수 있도록 배려해 주셨습니다. 하지만 이 부자 청년은 관심자에 머무를 수밖에 없었습니다. 이전의 삶을 버릴 수 없었습니다. 죽도록 고민만 하다가 그냥 돌아갔습니다.(마태복음 19장과 마가복음 10장에도 같은 내용이 있습니다. 비교해 가며 읽으시면 도움이 될 것입니다.)

이 부자 청년 이야기 다음에 이어지는 내용이 바로 삭개오의 이야기입니다. 둘 다 부자였지만, 한 사람은 하나님의 비전을 받아들였고, 한 사람은 그 비전에 대해 근심만 하고 돌아갔습니다. 새로운 비전에 대한 반응은 각자가 다를 수 있습니다. 하지만 목사는 하나님의 비전을 성도들에게 제시해 주어야 합니다. 그래서 그들이 선택할 수 있도록 해야 합니다.

내가 달려갈 길과 주 예수께 받은 사명 곧 하나님의 은혜의 복음을 증언하는 일을 마치려 함에는 나의 생명조차 조금도 귀한 것으로 여이 세상에서 바울보다 강력하게 자신의 비전을 좇은 사람이 또 있을까 싶습니다. 아마도 찾기가 쉽지 않을 것입니다. 그러나 그도 처음에는 자신이 잘못 설정한 비전을 품고 살았습니다. 그 비전은 남을 상하게 할 정도였습니다. 비전을 이루기 위해 열정적으로 살던 그에게 어느 날 주님이 나타나셨습니다. 그리고 놀라운 하나님의 비전을 제시해 주셨습니다. "내가 너를 이방인의 빛으로 삼고 싶다."

> 내가 이방인인 너희에게 말하노라 내가 이방인의 사도인 만큼 내 직분을 영광스럽게 여기노니 (롬 11:13)

바울은 그 하나님의 비전을 곧장 품었습니다. 그리고 사울에서 바울로 살기 시작했습니다.('사울'은 '큰 자', '바울'은 '작은 자'라는 뜻입니다.) 물론 이전처럼 새 비전을 위해 불같이 살았습니다. 이후 더 없이 행복하게 살다가 갔습니다. 하나님의 목적이 그를 참된 행복자가 되게 했습니다.

하나님의 비전은 사람과 점점 더 가까워지게 합니다. 그 비전을 품으면 하나님을 더욱 사랑하게 되고 다른 사람을 자신과 같이 사랑하게 됩니다.

목사는 예수님과 똑같은 예지력이 없습니다. 그러나 성령 충만한 목사는 성령으로 인해 각 성도들에게 하나님의 비전을 알려

줄 수 있습니다.

여러분의 목사는 여러분에게 하나님의 비전을 제시하고 있습니까? 아니면 세상과 별 다르지 않은 비전을 외치고 있습니까?

사회를 분석할 수 있는 목사를 선택해야 한다

외식하는 자여 너희가 천지의 기상은 분간할 줄을 알면서 어찌 이 시대는 분간하지 못하느냐 (눅 12:56)

예수님은 종교 지도자들에게 시대를 분석하고 판단할 것을 요구하셨습니다. 자연현상의 원리를 알 수 있다면, 이 시대가 품고 있는 풍조 역시 분별할 수 있어야 한다는 것입니다.

가파른 기울기의 인구절벽이 다가오고 있습니다. 이미 왔습니다. 그로 인해 고령화가 급속하게 진행되고 있습니다. 과거에 정상적으로 받아들여졌던 기준이나 가치들이 지금 사회 속에서는 심각하게 변형되었습니다. 인구 변화로 인한 사회구조의 뒤틀림과 기독교인의 절대적 감소가 예견되고 있습니다.

극단적인 개인주의를 넘어 이기주의로 흐르고 있는 사회와 교회의 상황 속에서 이기주의가 힘으로 나타나는 혐오주의를 막을 대안은 무엇일까요? 하나님께서 혐오주의를 얼마나 나쁘게 보고 계신지 성도들에게 얼마나 설교로 전해지고 있습니까?

목사가 이 시대를 알고 있어야만, 하나님이 이 시대에 특별히 선포하고자 하시는 말씀을 정확히 전할 수 있습니다. 그렇지 못하면 하나님 말씀의 현재성을 제대로 구현하기란 참으로 어려운 일이 되고 맙니다.

그러면 너희가 무엇을 보려고 나갔더냐 부드러운 옷 입은 사람이냐 부드러운 옷을 입은 사람들은 왕궁에 있느니라 (마 11:8)

예수님은 당시 외모주의를 강하게 지적하셨습니다. 외모주의가 세상을 뒤덮고 있었기 때문입니다. 외식하는 대표주자 바리새인들 뿐 아니라, 일반인들도 외모주의에 심각하게 빠져 있었습니다. 그래서 사람들은 세례자 요한에게 세례를 받으러 갈 때도 그의 외모에 집중했던 것 같습니다. 진정 찾아야 할 것은 하나님의 참 선지자인데, 그들은 습관적으로 그의 외모를 바라보았던 겁니다.

외모주의가 불러온 것이 바로 외식이었습니다. 겉으로만 신앙 있는 척하는 '척 신앙인'을 만들어 냈습니다. 종교 지도자들도 마찬가지였습니다. 종교 지도자들도 '척'하는 데 모든 열정을 쏟았습니다. 겉을 훌륭하게 꾸미면 사람들이 그것을 추앙해 주었기 때문입니다. 사람들은 그들의 중심을 볼 안목도 없었고, 관심도 없었습니다. 그래서 겉으로만 신앙 있는 척하는 종교 지도자들이 양산되었습니다.

그럼 지금은 어떨까요? 요즘 교인들은 외모주의에서 벗어난 것같이 보이십니까? 속사람이 바로 선 목사보다 멋진 양복 입은 목사에게 매료되지는 않습니까? 설교의 내용보다는 높은 학벌을 가진 목사를 더 존경하지는 않습니까? 목사가 이룬 교세를 높이 평가하지 않습니까? 큰 예배당을 지은 목사만을 추앙하지는 않습니까?

예수님이 만약 지금 한국에 오시면 어떨까요? 참선지자로, 참메시아로 인정받을 수 있을까요? 외국 신학교에서 받은 PH. D(철학박사학위)가 없는데도 가능할까요? 외모도 별로이고, 말은 사투리를 사용해서 표준어를 사용하는 사람들은 도무지 무슨 말을 하는지 알아들을 수도 없는데 메시아가 될 수 있을까요? 한국의 교인들은 예수님을 참선지자로 받아들일 수 있겠습니까?

쉽지 않을 것입니다. 마음이 아프지만 한국 교회와 교인들은 이미 외모주의에 빠져 있기 때문입니다. 벌써 외모주의에 빠져 익사했는지도 모릅니다.

여러분의 목사는 예수님과 같이 외모주의를 통렬히 비판하고 있습니까? 외모주의에 빠지면 진짜 보아야 할 것을 보지 못하게 된다고 외치고 있습니까? 진짜 중요한 것은 중심이라고 외치고 있습니까? 끊임없이 중심을 아름답게 만들어야 한다고 외치고 있습니까? 본질을 놓치면 모든 것을 놓치는 것이라고 외치고 있습니까?

만약 여러분의 목사가 이런 시대정신을 읽어 냈다면, 외모주의에서 벗어나 본질로 돌아가라고 외치고 외칠 것입니다.

예수께서 대답하여 이르시되 내가 진실로 진실로 너희에게 이르노니 너희가 나를 찾는 것은 표적을 본 까닭이 아니요 떡을 먹고 배부른 예수님은 또 하나의 시대정신을 비판하셨습니다. 표적에 관한 것입니다. 당시 이스라엘이 원했던 표적은 육체적 필요를 채울 수 있는 기적이었습니다. 물론 예수님도 당시 사람들이 육체적으로 배고프다는 것을 잘 알고 계셨습니다. 그래서 그들이 오병이어의 기적에 흥분하고 있다는 것도 아셨습니다. 하지만 그들은 그 표적에 담겨진 본뜻을 놓쳤습니다. 바로 예수님이 진정한 생명의 떡이라는 것이지요. 그래서 예수님은 새로운 표적에 대해서 말씀하셨습니다.

> 악하고 음란한 세대가 표적을 구하나 요나의 표적 밖에는 보여 줄 표적이 없느니라 하시고 그들을 떠나 가시니라 (마 16:4)

예수님은 요나의 표적을 말씀하셨습니다. 삼 일 동안 죽어 있는 것 같았지만, 삼 일 후에 큰 구원을 이루어 낸 표적을 말씀하셨습니다. "나는 너희가 본질을 보기를 간절히 원한다. 진짜 너희의 영원한 생명을 얻게 하는 표적의 의미를 깊이 생각해 보아라. 그래야 너희가 살 수 있다."

여러분의 목사가 집중하고 있는 표적은 무엇입니까? 강조하고 있는 표적의 의미는 무엇입니까? 그것이 영적 생명으로 나아가게 하는 표적입니까, 아니면 이 세상에서 풍족한 삶을 살게 하는 기적입니까?

참된 목사는 성도들이 바라는 표적에 대해서 정확히 분석하고 있습니다. 그래서 만약 성도들이 표적에 대해서 오해하고 있는 부분이 있다면, 정확한 뜻을 설명해 줄 것입니다. 때로는 호되게 야단을 칠 수도 있습니다. 하지만 꼼꼼히 목사의 말을 살펴보면, 여러분이 정말 놓치지 말아야 할 본질을 만날 수 있을 것입니다.

진짜 목사는 세상의 풍조를 읽어 냅니다. 성경의 기준으로 그것을 정확히 분석하고 있습니다. 그래서 대안을 제시할 수 있습니다.

현재 교회에도 개인주의가 무섭게 번져나가고 있습니다. 개인주의는 예수님이 주신 새 계명, 즉 하나님 사랑과 이웃 사랑에 치명적인 위협을 가하고 있습니다. 이 무서운 개인주의에 대한 분석과 해법은 무엇인지 여러분도 고민해 보시기 바랍니다.

성경이 금하고 있는 동성애에 대한 입장, 교회가 그들을 어떻게 사랑할 것인지에 대해 목사는 자기 안에 답을 마련해야 합니다.

자본주의 세상에서 돈을 따라 살지 않을 수 있는 구체적인 대안이 무엇인지, 교회 내 이혼가정과 한부모가정에 대한 분석과 대안은 무엇인지, 결혼을 못하고 싱글로 늙어가는 사람들과, 노인 문제에 대해서도 답을 정립해 두어야 합니다. 이 외에도 다양한 문제들이 있을 것입니다. 시급하게 결론 내려야 할 문제들도 많습니다.

목사는 이 심각한 문제들에 대한 성경적 대안을 치열하게 탐구해야 합니다. 이 과정을 제대로 거쳐서 내놓는 답변에는 무게감이 느껴질 것입니다. 곧장 답을 줄 수 있는 것도 있을 것이고, 아직 생각하고 있는 것들도 있을 수 있습니다. 하지만 그가 세상을 하나님의 말씀으로 읽어내기 위해서 최선을 다하고 있다는 것을 성도들은 알아챌 수 있을 것입니다.

요한계시록을 이해하는 목사를
선택해야 한다

예수 그리스도의 계시라 이는 하나님이 그에게 주사 반드시 속히 일
어날 일들을 그 종들에게 보이시려고 그의 천사를 그 종 요한에게 보
내어 알게 하신 것이라
요한은 하나님의 말씀과 예수 그리스도의 증거 곧 자기가 본 것을 다
증언하였느니라
이 예언의 말씀을 읽는 자와 듣는 자와 그 가운데에 기록한 것을 지
키는 자는 복이 있나니 때가 가까움이라 (계 1:1-3)

보수적인 교단에서 요한계시록은 성도들뿐만 아니라 목사
들 사이에서도 적극적으로 다루어지지 않았습니다. 여러 이유가
있습니다. 시한부 종말론으로 대표되는 이단들이 요한계시록을
너무나 허접하게 사용하였기 때문입니다. 그래서 건전한 교단들
이 더욱 요한계시록에 대한 연구를 하고 적극적으로 설교해야 함

에도 불구하고 오히려 위축된 면이 큽니다. 또한 칼빈주의를 표방하는 교회들에서는 칼빈이 요한계시록만은 주석을 쓰지 않았다는 이유로 요한계시록에 대한 해석과 설교하는 일을 즐기지 않았던 것도 사실입니다.

물론 요한계시록이 쉬운 책은 아닙니다. 구약과 신약의 모든 상징과 사건, 그리고 은유를 집약하고 있기 때문에 정말 어렵기도 합니다. 하지만 요한계시록의 일반적인 교훈은 명확하게 드러나 있습니다. 요한계시록의 핵심은 하나님과 믿음을 지킨 성도들의 '화려한 승리'입니다. 그리스도 예수의 승리이고, 교회의 승리이며, 성도의 승리입니다. 당연한 결과입니다. 창조주이시며 역사의 주관자이신 삼위 하나님의 승리로 세상의 역사가 끝날 수밖에 없습니다. 요한계시록은 이 사실을 강렬한 상징과 논리로 이야기하고 있습니다.

목사는 이러한 요한계시록의 핵심을 설교해야 합니다. 역사의 끝날에 이루어질 하나님의 승리를 노래해야 합니다. 성도의 승리가 하나님의 승리와 함께하리라는 것을 알려야 합니다. 요한계시록에 나타난 일곱 교회의 일을 분석하여 현재와 미래의 교회 문제들에 대한 해결책을 제시해야 합니다. 마지막 날 웃게 될 십사만 사천 명의 거룩한 하늘 성도들을 바라보게 하며 이 땅에서의 고난이 면류관이라는 사실을 전해야 합니다. ('십사만 사천'은 일반적으로 '완전수'로 상징되는 성도의 수입니다.)

요한계시록에 대한 정확한 해석은 현재와 미래에 대한 분명한 자세를 만들어 냅니다. 목사의 자세가 올바르다면, 그것은 성도들에게 그대로 전해질 것입니다. 성도들은 세상의 권력과 돈에 대해서 어떤 자세를 취할 것인가? 어느 정도의 신앙심을 가지고 신앙생활을 유지할 것인가? 마지막 때에 이루어질 불신앙의 결과를 안다면, 신앙의 목표는 어디까지로 정할 것인가? 이런 모든 부분들에 대한 방향성과 자세 그리고 목표를 결정할 수 있습니다.

성도들은 목사가 요한계시록에 대해 어떤 이해를 가지고 있는지 살펴야 합니다. 종말에 이루어질 일들에 대해서 깊이 있게 관심 갖고 여러분의 목사가 가지고 있는 종말론에 대한 견해가 요한계시록이 말하는 종말에 대한 것인지 들여다보아야 합니다.

사실 요한계시록에 대한 기초적인 이해도 가지고 있지 못한 목사들도 있습니다. 그러면 목사 자신도 늘 방향성이 흔들리고, 상황에 따라서 신앙의 자세가 변하게 됩니다. 이렇게 해서는 목사 자신의 구원뿐 아니라 성도들의 구원도 장담할 수 없습니다. 종말에 대한 분명한 해석이 없고서 지금을 올바르게 살 수는 없는 일입니다.

요한계시록에는 하나님이 세상 권력자들과 싸우십니다. 그리고 상인들, 즉 돈을 좇는 부자들과도 싸우십니다. 또한 하나님을 무시하고 하나님을 믿지 않는 사람들과도 싸우십니다. 이것들이 분명하게 드러나 있습니다.

이것을 아는 목사라면 성도들에게 어떻게 가르치겠습니까? 성도들을 하나님과 싸우는 편에 서게 하지 않을 것입니다. 그들의 종말을 알기 때문입니다. 하나님과 맞서면 필패입니다. 필패라는 것을 아는 사람이 어떻게 성도들을 내버려둘 수 있겠습니까. 잘못된 신앙을 버리고, 우상숭배의 모든 모습들과 싸우라고 외칠 것입니다. (신앙인의 싸움은 사랑의 방법으로 싸우는 것입니다. 방법론에 대해서도 세상과의 구별이 있어야 합니다. 구체적인 사안에 들어가면 다양한 방법이 있을 수 있음을 전제합니다.) 목사의 가르침은 흔들리지 않을 것입니다. 흔들림 없이 정해져 있는 승리의 결말로 인도할 것입니다.

마지막으로 그는 새하늘과 새땅의 찬란함을 수시로 노래할 것입니다. 예수님이 다시 오실 때 누릴 영광을 흥에 겨워 춤추며 노래할 것입니다. 온갖 고난을 이긴 신앙인이 누릴 그 영광을 설교를 통해 성도들에게 전할 것입니다. 그리스도 예수를 믿는 신앙인들이 옳았다는 것을 증명하는 사건이 반드시 있을 것을 꾸준히 알릴 것입니다.

어떤 목사가 자신의 요한계시록 강해집 제목을 이렇게 달았습니다. '미래를 알면 무섭지 않다.' 핵심을 찌르는 좋은 제목입니다. 요한계시록을 통해 종말의 의미를 알면 두렵지 않습니다. 세상의 풍조가 아무리 무섭고 큰 쓰나미를 만들어 낸다 할지라도 흔들림 없이 믿음을 지켜 갈 수 있습니다. 요한계시록을 통해 우리가 맞이할 승리를 이미 알고 있기 때문입니다.

올바른 결말을 아는 목사와 함께 신앙생활을 한다는 것은 축복입니다. 불안하지 않기 때문입니다. 가장 힘들 때 가장 안전한 목자와 함께 갈 수 있습니다. 여러분은 어떤 목사를 선택하시겠습니까?

천국의 원리를 제시하는 목사를
선택해야 한다

그러나 우리의 시민권은 하늘에 있는지라 거기로부터 구원하는 자
곧 주 예수 그리스도를 기다리노니 (빌 3:20)

목사는 이 땅의 현상을 하나님의 코드로 말할 수 있는 사람이
어야 합니다. 물론 목사가 사는 공간은 이 세상입니다. 우리가 땅
을 밟고 있는 공간입니다. 하지만 이 땅을 살고 있는 대부분의 사
람들과는 확연히 달라야 합니다. 왜냐하면 그는 이중 시민권자이
기 때문입니다. 이 세상의 시민권과 하늘의 시민권을 동시에 가지
고 있습니다. 그래서 이 세상의 시민권만 가지고 있는 사람들이 볼
때는 목사가 하는 말이 도무지 이해되지 않을 것입니다. 전혀 다른
세상의 원리를 말하기 때문입니다.

그래서 진짜 목사는 이 세상을 살고 있는 사람들에게 이상한
말을 연신 쏟아냅니다. 또한 그의 삶도 이상하기 짝이 없습니다.

세상에서는 보기 힘든 모습으로 살아갑니다.

> 심령이 가난한 자는 복이 있나니 천국이 그들의 것임이요
> 애통하는 자는 복이 있나니 그들이 위로를 받을 것임이요 (마 5:3-4)

그런데 진짜 목사의 말과 삶은 이상하리만큼 성경과 일치합니다. 특히 마태복음 5장부터 시작되는 산상수훈과 똑같습니다. 예수님은 산상수훈에서 하늘나라의 원리를 설파하셨습니다. 사람들은 깜짝 놀랐습니다. 이 땅의 시민권만 가진 사람들도 놀랐고, 하늘나라 시민권자들도 놀랐습니다. 놀란 이유는 서로 달랐겠지요. 이 땅 사람들은 도무지 알아들을 수 없어서 놀랐습니다. 그러나 이미 천국의 사람이 된 사람들도 놀랐습니다. 그리고 마음이 뛰기 시작했을 것입니다. '나도 그렇게 생각했는데. 나도 그렇게 살고 있는데. 내가 하고 있는 것이 잘못된 것이 아니구나.' 그들은 예수님의 설교에 빠져 들어갔을 것이 분명합니다. 그리고 마음 깊은 곳에서 나오는 기쁨을 감출 수 없었을 것입니다.

여기서 우리가 주목해야 할 점이 있습니다. 이 땅 사람들의 놀라움입니다. 그들의 놀라움은 예수님의 말씀을 이해해서 나온 것이 아닙니다. 뭔가 반박은 하고 싶은데, 틀린 게 없었던 거죠. 구약의 원리와 예수님의 말씀은 큰 줄기 속에서 일치했습니다. 그러나 타락한 인간이 지켜 왔던 피상적인 율법을 훨씬 넘어서는 무언가가 있었습니다.

진짜 목사의 경우도 마찬가지입니다. 그의 말과 행동과 생각은 이 세상을 살고 있는 범인(凡人)과는 확연히 다릅니다. 이상합니

다. 그런데 그의 삶에는 깊이가 있습니다. 뭐라 반박하고 싶은데 쉽지 않습니다. 또한 진짜 목사가 말하는 것을 성경에 가져다가 비추어 보면 꼭 맞아떨어집니다. 그가 성경대로 살기 때문입니다. 그래서 성도들은 구별할 수 있는 겁니다. 그가 진짜 목사인지 아닌지 확실히 알 수 있습니다.

이는 내게 사는 것이 그리스도니 죽는 것도 유익함이라 (빌 1:21)

바울은 마치 이 세상에 사는 것 같지 않습니다. 이미 천국에 살고 있는 것 같습니다. 육체를 가진 사람이었지만, 그에게 죽고 사는 것은 큰 의미가 없습니다. 이중 시민권을 가졌기 때문입니다. 죽음이란 이 세상과 저 세상을 연결하는 얇은 막에 불과합니다.

"나는 이미 그리스도에 의해서 살아가고 있다. 그러므로 나는 죽어도 좋다." 바울의 삶은 융합되어 있습니다. 천국과 현세가 완전히 하나가 되어 있습니다.

목사도 육체에 거하는 것보다, 천국 가기를 소원해야 합니다.

아름다운 열매를 맺지 아니하는 나무마다 찍혀 불에 던져지느니라
이러므로 그들의 열매로 그들을 알리라
나더러 주여 주여 하는 자마다 다 천국에 들어갈 것이 아니요 다만 하늘에 계신 내 아버지의 뜻대로 행하는 자라야 들어가리라 (마 7:19-21)

천국의 시민으로 사는 목사는 색다른 열매를 맺습니다. 이 세

상에만 뿌리를 박고 사는 사람들과는 다른 열매를 맺는 것이죠. 토양이 다르니 당연히 열매도 다르게 나타날 수밖에 없습니다.

대다수의 목사들을 보십시오. 똑똑합니다. 세상의 많은 교육을 받았습니다. 제가 세상의 교육을 받는 것이 잘못되었다고 말하는 것이 아닙니다. 목사도 가능하면 높은 수준의 교육을 받아야 합니다. 능력도 뛰어나면 좋습니다. 그것은 하나님 앞에서 1분 1초도 아껴서 사용했다는 뜻입니다. 하지만 그것이 천국의 원리를 담지 못하고 그냥 세상의 것에 머물러 있다면 목사로서는 다 의미 없는 것일 뿐입니다. 바울의 표현대로 말하면 배설물에 불과합니다. 목사에게서 나오는 모든 열매는 천국의 원리를 볼 수 있는 것이어야 합니다. 그것과 세상의 것이 조화롭게 융합된 열매여야 합니다. 세상에만 속한 사람들은 이 열매가 매력적이지 못하겠지만, 천국의 맛을 아는 사람들은 이 열매를 보며 탄복할 것입니다.

> 예수께서 대답하여 이르시되 기록되었으되 사람이 떡으로만 살 것이 아니요 하나님의 입으로부터 나오는 모든 말씀으로 살 것이라 하였느니라 하시니 (마 4:4)

진짜 목사는 떡의 의미를 천국의 코드로 설명합니다. 예수님은 마태복음 4장 4절을 신명기 8장 3절을 인용해서 설명하셨습니다. 신명기 8장 3절은 만나에 대한 이야기입니다. 만나는 세상에 없는 떡이었습니다. 하늘로부터 온 떡, 하나님이 주신 떡입니다. 그 하늘 떡을 이 땅에 있는 이스라엘 백성들이 아침마다 40년 동안 먹고 살았습니다. 이 세상의 먹고 사는 문제가 하나님께 전적으로 달려 있었던 것입니다.

그러나 이 땅에 속한 사람들은 세상에서 먹고 사는 문제가 전적으로 인간의 노력에 의해서 이루어진다고 확신합니다. 열심히 일하는 사람이 많은 떡을 얻을 수 있다고 믿습니다. 아주 정상적인 세상의 논리입니다. 하지만 천국의 원리를 적용하는 목사는 이상한 말을 합니다.

"여러분, 오늘 우리가 먹는 이 떡은 하나님이 주신 것입니다. 사람들은 자기가 노력하는 만큼 떡을 얻을 수 있다고 생각합니다. 그러나 천국 백성들은 하나님의 허락하심이 없이는 아무것도 이루어질 수 없다고 생각합니다. 인간이 아무리 노력할지라도 하나님이 허락하시지 않으면 작은 떡 하나 얻을 수 없습니다. 저는 여러분이 떡을 먹을 때 하나님의 돌보심을 느낄 수 있으면 좋겠습니다. 떡을 얻게 하신 하나님의 사랑을 볼 수 있으면 좋겠습니다.

진짜 목사는 떡의 원천이 하나님이시라는 것을 분명히 합니다. 심지어 사람의 노력은 조금도 필요 없다는 식으로 말합니다. 세상의 떡을 얻는 일을 만나를 주셨던 일과 똑같은 방식으로 풀어낼 것입니다.

여러분, 세상의 모든 것들을 천국의 코드로 풀어내는 목사를 선택하시기 바랍니다. 그의 설교는 이상하고 거북하고, 그래서 받아들일 수 없는 내용이 있을 것입니다. "그렇다면 도대체 우리는 어떻게 하라는 말씀입니까?"라고 되묻는 상황이 매주일 일어날 수 있습니다. 하지만 그의 설교가 성경과 일치한다면, 그를 택하셔야 합니다.

목사의 경제적 문제

목사의 경제적 문제에 대한 잘못된 인식

그 집에 유하며 주는 것을 먹고 마시라 일꾼이 그 삯을 받는 것이 마 땅하니라 이 집에서 저 집으로 옮기지 말라 (눅 10:7)

저는 앞에서 많은 이유와 근거를 들면서, 성도들이 목사를 어 떻게 선택해야 하는지 말씀드렸습니다. 지금부터는 '선택'의 또 다른 표현인 '책임'에 대해서 말씀을 드리려고 합니다.

하나님은 자기 백성, 즉 성도를 선택하셨습니다. 그리고 그들 을 돌보셨습니다. 물론 그들이 구원을 이룰 때까지 책임지실 것입 니다. 그들을 사랑하시기 때문입니다. 그래서 선택과 책임은 똑같 은 것이라 할 수 있습니다.

이런 선택의 원리는 목사를 선택할 때도 그대로 적용되어야 합니다. 성도가 목사를 선택했다면, 당연히 목사를 책임져야 합니다. 특히 목사의 경제적인 부분을 성도들은 책임져야 합니다.

누가복음 10장 7절에서 일꾼이 그 '삯'을 받는 것이 마땅하다고 합니다. 이때 '삯'은 헬라어로 '미스도스'입니다. '미스도스'는 '대가' 혹은 '보상'이라는 뜻입니다. 그런데 재미있는 의미가 또 있습니다. '자연적으로 이루어지는 보상'이라는 뜻입니다. 예를 들어, 씨앗을 심어 일정한 기간이 지나면 특별한 일이 없는 한 열매를 맺습니다. 당연하겠죠. 그러니까 '미스도스'라는 일꾼의 삯은 자연스럽게 그 열매를 얻게 되는 것처럼 주어져야 한다는 것입니다.

그렇다면 이처럼 자연스러운 일이어야 할 목사의 사례비는 한국 교회 내에서 어떻게 나타나고 있을까요?

안타깝게도 형편없게 나타나고 있습니다. 한국 사회의 모든 계층과 비교해 보아도 낮은 수준입니다. 국민일보 2018년 1월 11일 기사로 한국기독교목회자협의회가 발표한 2017년 목회자 종교생활과 의식조사 결과에 따르면, 목회자들의 평균 사례비는 176만 원으로 조사되었습니다. 그리고 80퍼센트에 달하는 목회자들이 2018년 보건복지부가 정한 4인 기준 최저생계비 2,711,521원에도 미치지 못하는 사례비를 받고 있다고 했습니다.

반면 통계청은 2018년 4인 가구당 월 평균 소득이 5,846,903원이라고 발표했습니다. 물론 평균이니 실제 많은 가구들은 이 소득보다는 더 적은 돈으로 살고 있을 수도 있습니다. 그러나 위에서 조사된 목사들의 사례비 176만 원과는 확연히 차이를 보이고 있습니다. 그러니까 대부분의 목사들은 최소한의 생계도 보장받고 있지 못하다는 것을 알 수 있습니다.

그렇다면 왜 목사의 사례비는 이렇게까지 낮은 수준이 되었을까요? 하나님께서 성도들에게 직접적으로 목사의 사례를 책임지라고 말씀하시지 않아서 그럴까요? 아니면 자유경쟁체제와 자본주의에 순응해 교회도 목회자의 능력에 따라 사례비를 주기 시작해서 그럴까요? 아니면 목회자의 사례비에 대해서 근거도 없는 잘못된 생각을 가지고 있어서일까요?

성도들은 이 문제의 심각성을 인식해야 합니다. 이것은 단순한 돈의 문제가 아니라, 이웃을 네 몸과 같이 사랑하라는 하나님의 새 계명을 지키느냐 못 지키느냐의 문제이기 때문입니다.

합리적인 사례비에 대한 큰 그림

그렇다면 얼마 정도의 돈이 합당한 사례비가 될까요?

간단한 문제 같지만 고려해야 할 사항들이 많습니다. 사실 그래서 저는 최소한 노회 차원에서, 아니면 대승적으로 총회 차원에서 성도들과 목사들의 합의를 이끌어 내야 할 문제라고 생각합니다.(최소한 노회 차원에서 이 일을 다루지 않으면 근본적인 해결책을 찾지 못할 것입니다.)

일단 구체적인 대안으로 들어가기 전에 사례비와 목사에 대한 큰 그림을 그려 보면 좋겠습니다. 이 큰 그림 속에서 제해 버려야 할 요소들이 있습니다. 그것들은 자본주의, 성공주의, 승자독식주의입니다. 이것들은 하나님 나라의 원리와 완전히 배치됩니다.

하나님은 목사를 평가할 때 이런 것들로 평가하시지 않습니다. 목사의 중심을 보고 평가하십니다. 하지만 불행하게도 많은 교회들이 이미 자본주의와 성공주의와 승자독식주의에 빠져 있습니다.

자본주의가 무엇입니까? 선점을 통해서 먼저 기반을 잡고, 그 기반 즉 자본을 토대로 더 큰 자본을 만들어 가는 것입니다. 지금 교회도 꼭 그 꼴로 움직이고 있습니다. 보이십니까?

성공주의는 어떻습니까?

"네가 큰 교회 목사가 되고 싶어? 그러면 성공해."

이것은 "억울해? 그러면 성공해" 하는 세상의 말과 조금도 다르지 않습니다.

승자독식주의는 어떻습니까? 담임목사가 모든 것을 독점해 버립니다. 권한부터 사례비까지 모든 것을 먹어 버립니다. 그래서 부목사의 연차와 가족 수가 담임목사의 가정보다 더 많다 해도 사례비는 늘 적습니다. 담임목사가 아니기 때문이지요. 담임목사는 승자이고 부목사들은 패자가 됩니다. 그러나 하나님의 나라는 승자와 패자의 개념으로 사람을 보지 않습니다. 달란트의 개념으로 사람을 봅니다. 그 사람이 담임목사의 달란트를 가졌는지, 부목사의 달란트를 가졌는지에 따라서 그 사람에 대한 평가를 달리합니다. 마태복음 25장의 달란트 비유를 굳이 설명하지 않아도, 목사가 자신의 달란트에 합당한 일을 한다면 그들의 위치가 어떠하든지 모두 하나님의 큰 잔치에 차별 없이 참여할 수 있어야 합니다. 이것이 승자독식주의에 반하는 하나님의 원리입니다.

먼저 온 자들이 와서 더 받을 줄 알았더니 저희도 한 데나리온씩 받은
지라

받은 후 집 주인을 원망하여 이르되

나중 온 이 사람들은 한 시간밖에 일하지 아니하였거늘 그들을 종일
수고하며 더위를 견딘 우리와 같게 하였나이다

주인이 그 중의 한 사람에게 대답하여 이르되 친구여 내가 네게 잘못
한 것이 없노라 네가 나와 한 데나리온의 약속을 하지 아니하였느냐

네 것이나 가지고 가라 나중 온 이 사람에게 너와 같이 주는 것이 내
뜻이니라 (마 20:10-14)

세상 사람들은 먼저 와서 많은 일을 하면 더 많은 보상이 있어
야 한다고 생각합니다. 선점효과죠. 선점하고, 더 많은 자본을 축
적하여 더 크게 사업을 하는 것입니다. 그로 인해 더 많은 수입을
얻게 되는 것을 올바른 원리라고 생각합니다.

그러면 교회는 어떨까요? 놀랍게도, 교회 내에서도 세상 원
리가 그대로 적용될 때가 많아 보입니다. 그러나 하나님의 뜻은 다
릅니다. 적게 일하고도 똑같은 돈을 받을 수 있고, 다른 일을 하고
도 똑같은 돈을 받을 수 있습니다. 심지어 사원이 사장보다 더 많
은 월급을 받을 수도 있습니다. 어떤 때는 아파서 일을 못했는데
도, 아프기 때문에 돈을 더 받아야 한다고 합니다. 하나님은 세상
의 원리와 다른 원리로 세상을 다스리십니다.

이런 논리로 목사의 사례비에 접근해 보면 어떻겠습니까? 부
목사가 담임목사보다 더 많은 사례비를 받을 수도 있겠지요. 사역

을 하다가 병원에 입원한 목사가 더 많은 사례비를 받을 수도 있습니다. 참 이상주의 같은 말이죠. 그러나 만약 이 같은 이상주의가 가장 하나님 나라의 원리에 부합한다면, 우리는 그 이상한 이상주의를 따라야 합니다.

다시 176만 원을 사례비로 받는 목사 이야기로 돌아가 봅시다. 176만 원 사례비를 받는 목사와 2억 5천만 원을 받는 목사, 이 둘이 하나님 앞에서 하는 일의 경중(輕重)은 얼마나 차이가 날까요? 상당한 차이를 보이겠습니까? 감히 말씀드리지만, 누가 더 성실히 하나님을 섬겼다고 말할 수 없습니다. 하나님은 일반적으로 보는 경우와 정반대의 평가를 내리실 수도 있습니다. 176만 원 받는 목사가 훨씬 더 많은 일을 했다고 말씀하실 수도 있습니다. 놀랍나요? 그러나 우리 눈에서 자본주의와 성공주의와 승자독식주의를 벗겨 내면 전혀 놀랍지 않고, 하나님의 판단이 그저 일상적인 일로 느껴질 것입니다.

어떤 방송에서 보니, 대형교회 장로가 이런 이야기를 했습니다. "우리 목사님이 받는 사례비는 여느 기업 CEO에 비하면 많다고 할 수 없습니다."

그 장로는 목사를 이윤을 추구하는 기업의 CEO와 동일선상에 두었습니다. 저는 이게 놀랍습니다. 장로라는 사람이 하나님의 나라를 전혀 이해하지 못하고 있습니다. 목사는 서비스 업계의 CEO가 아닙니다. 그런 식으로 이해하는 자체가 큰 문제입니다. 목사는 거룩한, 무익한 종입니다. 하나님께 충성하고 하나님의 백성들을 지극 정성으로 섬기는 종입니다.

이러한 이유로 목사의 사례비에는 반드시 한계가 있어야 합니다. 아무리 큰 교회의 담임목사라 해도 하나님의 종이기 때문에, 마음씨 좋은 주인이 허락한 범위 내에서만 풍족한 삶을 살아야 합니다.

여러분은 대한민국 대통령 연봉이 얼마나 되는지 아십니까? 2019년 기준 2억 2천 629만 원입니다. 국무총리는 1억 7천 543만 원입니다. 제가 대통령과 국무총리의 연봉을 예로 드는 이유는 그들은 여느 CEO와는 다르기 때문입니다. 그들의 직은 명예직입니다. 아무도 이들이 돈을 벌려고 일을 한다고는 생각하지 않을 것입니다. 그래서 연봉에 한계가 있습니다. 이들이 아무리 일을 잘하고 그 일을 위해 목숨을 던진다 할지라도 그들의 연봉이 수직 상승하지는 않습니다. 왜냐하면 그들은 봉사직을 수행하고 있는 것이고, 명예직을 맡고 있는 것이기 때문입니다.

하물며 목사는 어떠해야 하겠습니까? 하나님의 종인 목사의 사례비가 한 나라의 대통령보다 많아서야 되겠습니까? 절대 안 됩니다. 좋은 종의 월급을 받으면 됩니다. 목사의 사례비가 2억 5천만 원이라면 너무 많습니다. 종이 받을 돈이 아닙니다.

사실 저는 대통령과 국무위원들 그리고 국회의원들도 그렇게 많은 돈을 받을 필요가 없다고 생각합니다. 그들은 이미 돈을 좇는 사람들이 아닙니다. 또한 대부분은 이미 어느 정도 이상의 부를 가지고 있습니다. 국민들이 대통령과 고위직들에 대해 존경한다는 뜻을 보일 수 있는 금액이면 충분하다고 생각합니다.

정치권에서 청문회를 할 때 늘 나오는 말이 있습니다.

"그렇게 돈을 벌고 싶으면 돈만 벌어라. 굳이 돈과 명예를 같이 얻으려고 하느냐."

제 생각에는 대통령과 고위직들도 상징적인 금액 1억 정도를 연봉으로 받으면 충분하다고 생각합니다.

그럼 목사는 얼마를 받아야 하겠습니까? 아무리 큰 교회 담임목사라 할지라도 연봉 1억 원이 넘을 이유는 없습니다.

이런 문제로 2003년에 높은뜻숭의교회에서는 '목회자 사례비'에 대한 공식적인 토론회를 가졌습니다. 그래서 자체적으로 어느 정도의 기준을 마련했습니다. 그때 기준은 일반 대학교 교수 수준으로 결정되었던 것으로 기억합니다. 이런 공론화 작업이 더 많은 교회 속에서 일어나야 합니다. 노회 차원이나, 총회 차원에서 다루어지면 더 좋을 것입니다. 솔직한 의견들이 오가야 합니다. 그래서 그 속에 하나님 나라의 원리들이 잘 나타나도록 노력해야 합니다. 결국에는 교회가 목사를 존귀한 사람으로 만들어야 합니다. 최소한 목사를 돈을 좇는 사람으로 만들어서야 되겠습니까. 교회가 목사를 상당히 대우하고 있다는 표시 정도의 사례비를 책정하는 것이 옳습니다. 반드시 상한선을 두어서 목사들이 명예롭게 사역할 수 있도록 해야 할 것입니다.

같은 사례비, 다른 사역

하나님의 나라는 하나님이 각 사람에게 나누어 주신 특유의 달란트에 의해서 만들어져 가는 나라입니다. 그렇기 때문에 목사도 서로 다른 달란트를 받았습니다. 서로 다른 분야에 부르심을 받은 것이죠. 잘하는 것이 다 다릅니다. 어떤 목사는 장애우를 위해 부름을 받았고, 어떤 목사는 선교사로 부름을 받았고, 어떤 목사는 일반 교회를 섬기는 일로 부름을 받았습니다.

그렇다면 장애우를 섬기는 목사와 일반 교회를 섬기는 목사는 서로 다른 사례비를 받아야 할까요?

저는 어떤 사역을 하든지 같은 사례를 받아야 한다고 생각합니다. 물론 호봉과 가족 수에 따라 차이가 있을 수 있습니다. 하지만 기본급은 동일해야 합니다. 모두 하나님이 맡기신 귀한 사역이기 때문입니다. 또 하나, 그래야 하나님 나라 사역에 선순환이 일어납니다. 목사들이 같은 사례비만 받아도 교회는 엄청난 선순환을 경험하게 될 것입니다. 예기치 못한 활력이 넘치게 될 것입니다.

한번 상상해 봅시다. 지금 같은 시스템 속에서 누가 성도 10명 있는 시골 교회에서 사역하고 싶겠습니까? 아니, 누가 시골 교회에서 사역할 수 있겠습니까? 시골 교회에서 10명의 성도로는 정상적인 사례비를 받을 수 없습니다. 늘 생계비 걱정을 하고 살아야 합니다. 그러면 하나님 나라 사역의 역동성은 현저히 줄어들 수밖에 없습니다.

그러나 만약 도시에서 1,000명 교인과 함께 사역하는 목사나 시골에서 10명과 함께 사역하는 목사가 똑같은 사례비를 받는다면 어떤 일이 일어나겠습니까? 완전히 다른 사역 속에서 커다란 역동성을 볼 수 있을 것입니다. 이제 사역은 목사의 달란트에 따라 배치됩니다. 신나는 곳에서 일을 할 수 있고, 잘하는 일을 할 수 있습니다. 시골에서 사역하는 목사는 두렵지 않습니다. 자기가 사랑하는 시골 사람들과 즐겁게 사역할 수 있습니다. 최소한 먹고 사는 문제는 해결되었기 때문입니다.

이제 시골 교회 사역과 도시 교회 사역을 결정할 때 사례비 부분에 대한 것은 고려 사항이 아닙니다. 자신의 달란트만 면밀히 따져 보면 됩니다. 이와 같이 목회자들의 사례비만 동일하게 하여도 우리는 하나님 나라의 새로운 역동성을 볼 수 있을 것입니다. 그러면 하나님의 나라는 그만큼 다양해지고 그만큼 풍성해질 것입니다.

사례비에 대한 개혁은 정말 필요합니다. 이는 장애우만 보면 마음이 뜨거워지고 눈물이 나는 목사들에게 자유를 선포하는 일입니다. 어린이 사역을 하고, 청년 사역을 하고, 직장 선교를 하는 목사들에게 안정성이라는 선물을 줄 수 있습니다. 지금과 같이 무작정 대형교회 담임목사의 길로만 달려 나가려는 경향은 사라질 것입니다. 목회 사역의 패러다임이 근본적으로 전환될 것입니다.

물론 이런 걱정도 충분히 할 수 있습니다. '똑같이 300만 원을 받는데 누가 굳이 말도 많고 탈도 많은 2만 명 교회를 담임하려고 하겠어?' 하는 걱정입니다. 목사들이 그냥 편안한 사역지를 택할 것 같지요? 그런데 그게 꼭 그렇지만은 않습니다. 많은 사람들과 있으면 훨씬 시너지를 내는 목사들이 있습니다. 큰 사역에 부르심을 받은 목사들이기 때문입니다. 그들은 똑같은 돈을 받고도 기꺼이 자신의 몸을 던지며, 힘을 다해 주님의 큰 교회를 섬길 것입니다. 자신의 달란트를 따라, 큰 교회를 하나님의 아름다운 몸으로 만들어 갈 것입니다. 변화 과정에서의 진통은 있을지 모르지만, 성도들과 교회 지도자들이 서로 소통하며 이 일을 점진적으로 결정해 간다면, 분명 하나님의 교회가 아름답고 역동적으로 변화될 것입니다.

정책적 안정성

그렇다면 누가 목사 사례비에 대한 개혁을 할 수 있을까요?

아마 누구도 선뜻 시작하려고 하지 않을 것입니다. 고양이 목에 방울을 다는 일이기 때문에 쉽지 않을 겁니다.

물론 담임목사 스스로가 자신의 사례비를 깎아 다른 부목회자들과 나누자고 한다면 일은 아주 쉬워질 것입니다. 그리고 그것이 가장 이상적인 모델입니다. 하지만 현실적으로 자기의 일을 스스로 의제화하기란 힘든 일입니다. 그래서 이 일은 처음부터 노회나 총회에서 다루어지기는 어렵습니다. 결국 각 교회에서 시도해 보는 수밖에 없습니다. 다양한 시도를 통해 성공 사례와 긍정적인 결과들이 나타날 것입니다. 그러면 다른 교회들에서도 배우게 될 것이고, 그 확장성은 가속화될 것입니다.

중요한 것은 첫 시도입니다. 작지만 거룩한 시도를 시작해야 합니다. 그래야 하나님의 일이 교회 속에 이루어집니다. 제가 바라기는 이 글을 읽고 마음에 감동이나 부담감이 생기는 분들이 제직회를 통해서 안건을 상정하시는 것입니다. 여러 번 토론을 거쳐서 뜻들을 다시 모아 당회에 상정합니다. 당회가 다시 논의하여 교회가 시행하게 되면 그것이 최선일 것이라 생각합니다.

역사적으로 볼 때, 전통을 깬다는 것은 참으로 어려운 일입니다. 하지만 한두 사람씩 생각을 모아 가다 보면 하나님께서 더 큰 생각을 주실 것입니다. 그래서 생각보다 빠른 시간 안에, 상처를 최소화하면서도 목회자 사례비에 대한 개혁을 이루어 갈 수 있으리라 믿습니다.

그러나 여기에도 또 하나의 근본적인 문제가 있습니다. 앞에서도 지적했듯이 각 교회마다 재정이 천차만별이기 때문입니다. 그래서 성도들이 목회자들의 사례비를 적정하게 드리고 싶어도 절대 그럴 수 없는 상황이 많을 것입니다. 그러므로 결국에는 노회나 총회 차원에서 목회자의 사례비를 관리하는 것이 더욱 효과적일 것이라고 생각합니다. 쉽게 말해서 공무원이 나라로부터 월급을 받듯이, 목회자는 노회나 총회에서 사례를 받는 것입니다.(노회는 원칙적으로 서로 지역적으로 가까운 교회끼리 연합하여 교회와 목사를 관리 감독하는 모임입니다. 총회는 교단의 총연합체로 보시면 됩니다.) 이렇게 되면 각 개체 교회의 규모에 상관없이 안정적으로 목회자의 사례비를 줄 수 있을 것입니다.

이런 과정에서 부수적인 이익도 발생합니다. 먼저 노회나 총회는 전략적으로 사역을 배치할 수 있습니다. 취약한 사역이나 새로운 사역을 시작하기에 용이해집니다. 그리고 기존 교회의 목회자의 수와 신학교에서 배출하는 목회자의 수를 사역과 정책에 따라 적절히 조절할 수 있게 됩니다. 애초에 계획성 없이 많은 목회자들을 양성할 필요가 없어지는 것입니다. 결국은 목회자들의 질도 자동적으로 향상되는 효과를 기대할 수 있을 것입니다.

만약 노회나 총회 차원에서 목회자들의 사례비를 주기로 결정되었다면, 사례비에 대한 연구소나 연구위원회를 만들어야 합니다. 노회나 교단의 총 교세를 파악하고 앞으로의 전략을 결정한 후 합당한 목회자 수를 결정하고 적당한 사례비를 결정하는 연구를 진행해야 합니다. 그러면 그 과정에서 정확한 데이터들이 나오고, 동시에 보완해야 할 점들이 도출될 것입니다. 그 문제들을 가지고 직접 노회 내에서 혹은 교단 내에서 교회들과 접촉하여 더 구체적인 사례들을 모아야 할 것입니다. 그리고 한 노회를 선정하여 실제로 균등하게 사례를 주다 보면 가장 수용하기 좋은 안이 나올 것이라 생각합니다. 이 과정을 차근차근 거쳐서 목회자 사례비에 대한 개혁은 정책적 안정성을 가질 수 있을 것입니다.

정책적으로 안정된 사례비를 받게 되면, 앞에서 말씀드렸듯이 목사들은 큰 교회와 작은 교회를 특별히 가리지 않고 자신의 달란트에 맞는 교회로 갈 것입니다. 도시 교회의 담임목사가 되기 위해서 자신의 모든 것을 바치는 일은 하지 않을 것입니다. 보다 다양한 분야에서, 자신의 달란트에 따라 하나님의 교회를 섬기는 것을 성도들은 볼 수 있습니다.

성도들은 이전보다 목사를 더욱 신뢰할 수 있습니다. '우리 목사님은 적어도 돈 때문에 우리 교회에 온 것은 아니야'라는 믿음을 가지게 될 것이기 때문입니다. 성도들과 목사 간에 돈이 개입되지 않기 때문에 더욱 본질적으로 사랑하고 하나님 나라 사역에 집중할 수 있을 것입니다.

목사와 교회가 함께 성장할 수 있어야 한다

30년 된 도라지를 찾아서 35년을 찾아 헤맨다는 말이 있습니다. 30년 전에 도라지를 심었으면 벌써 5년 전에 얻을 수 있었다는 것이죠.

한국 교회도 비슷하지 않나 생각합니다. 열심히 좋은 목사를 찾아다닙니다. 어쩌면 좋은 도라지를 찾아다니듯 35년이 지나도록 흡족한 목사를 찾지 못해 헤매고 있는지도 모르겠습니다.

사람에 대한 투자는 곧 미래에 대한 투자입니다. 예수님이 예언하셨고 요한계시록에 이미 예언되어 있듯이 말세로 갈수록 복음 전파는 힘들어질 것이 분명합니다. 또한 성도들을 하나님의 길로 정확히 인도하는 목사를 길러내는 일도 쉽지 않을 것입니다. 그렇다면 교회는 어떻게 해야 하겠습니까? 보다 적극적이고도 철저히 이 일을 준비해야 합니다. 그래야만 교회가 보다 효과적으로 암담한 미래를 헤쳐나갈 수 있습니다.

그런데 지금 교회들은 어떻습니까? 당장 눈에 보기 좋은 목사들만 바라보고 있지 않습니까? 대형교회들은 그들에게 거액의 사례비를 약속하고, 청빙한다고 합니다.

　물론 다른 교회들에서 검증된 목사들이니 당장의 효과는 확실히 볼 수 있을 것입니다. 청빙된 교회에 적응을 잘한다면 그럴 수 있습니다. 그러나 중장기적으로 교회에 좋을지는 사실 의문입니다. 관찰해 보면, 많은 교회에서 이 일로 어려움을 겪고 있음을 볼 수 있습니다. 목사와 교회가 맞지 않아 힘들어하고 있습니다.

　아무리 뛰어난 목사도 한 교회를 옮겨 다른 교회로 가면 당연히 적응하는 데 시간이 걸립니다. 상당한 시간이 필요할 수도 있습니다. 1년 정도 지나면 머리로는 교회를 파악하고, 성도들을 파악하고, 그 지역을 파악할 수 있습니다. 하지만 몸으로까지 그 교회와 지역을 알려면 생각보다 오랜 시간이 걸릴 수도 있습니다. 더 큰 문제도 있습니다. 오랜 시간이 지나 교회와 지역을 알았을 때, 자신과 맞지 않다는 결론이 날 수도 있다는 것입니다.

　이렇게 되면 그 모든 손해는 고스란히 교인들이 떠안을 수밖에 없습니다. 특히 믿음이 연약한 자들이 심한 상처를 받겠지요. 시간은 시간대로 흘러갑니다. 시행착오를 거치느라 상당한 시간과 에너지가 소모되어 버립니다. 그 시간 속에서 서로는 서로에게 깊은 상처를 남깁니다.

　그러므로 교회는 우선적으로 자신들의 목회자를 길러내야 합니다. 그는 분명 자기 교회를 잘 알 것입니다. 머리로만 아는 것이 아니라 몸으로까지 아는 목회자입니다. 교회가 추구하는 사역에 대한 비전을 공유하는 목회자입니다. 그러니 교회가 흔들림 없이 제 역할을 할 수 있도록 안정적으로 도울 수 있을 것입니다.

교회와 목회자는 함께 자라가야 합니다. 그래야 서로에게 비전이 있습니다. 교회는 적극적으로 성장 가능한 재목을 찾고 성장시켜야 합니다. 교회가 세워진 지역이 지적 수준이 높은 곳이라면, 지적인 목사를 키워내야 할 것입니다. 만약 교회가 세워진 곳이 전도가 많이 필요한 곳이라면, 전도 전문가로 키워낼 수도 있을 것입니다. 빈민층이 많다면 사회복지 전문가로 키우고, 아이들이 많은 곳이라면 육아 혹은 교육전문가로 성장하도록 이끌어 주어야 할 것입니다. 그럴 때 교회와 목회자는 참의미를 남기는 사역을 할 수 있습니다.

결국 교회는 적극적으로 가르쳐야 합니다. 초등학교 때부터 다양한 훈련과 경험을 쌓게 해서 재목들을 발굴해야 합니다. 인력풀을 만들고 그들이 하나님 앞에서 자신의 삶을 이루어 갈 수 있도록 도와주는 것이 중요합니다. 하나님은 인생의 어느 시점에서 그들을 부르실 것입니다. 그때 그 소명에 반응하는 사람이 있을 것입니다. 그러면 교회는 그와 함께 사역해 나가면 됩니다. 그는 이미 교회와 지역 사회를 몸으로 아는 목회자입니다. 최적화되어 있는 것입니다. 살아 움직이는 능력의 목회자와 함께 교회는 귀한 일들을 더 힘있게 해나갈 수 있습니다. 그러나 장기적인 계획이 없이는 좋은 목회자를 만날 수 없습니다.

큰 목사를 찾는 데 너무 많은 에너지를 낭비하지 맙시다. 아직은 조금 거칠고 부족해 보여도 전략적으로 목회자들을 선택하

여 키워나가야 합니다. 그럴 때 어두운 미래에 하나님의 사역을 효
과적으로 해나갈 수 있습니다. 지금 바로 좋은 재목들을 발굴하고
그들과 함께 자라 가시기를 바랍니다.

나가는 말

나는 목사인가?

나는 하나님이 원하시는 진짜 목사가 맞는가?

하나님이 찾으시는 당대에 완전한 목사가 맞는가?

이것이 노아의 족보니라 노아는 의인이요 당대에 완전한 자라 그는 하나님과 동행하였으며 (창 6:9)

저는 글을 쓰고 있는 이 시점에서는 답을 할 수 있습니다. 하나님이 저를 알고 계시기 때문입니다. 하나님과 저만 아는 비밀이죠. 그러나 인간은 미래를 알 수 없습니다. 언제든 넘어질 수 있습니다. 그래서 늘 조심스럽게 답을 할 수밖에 없습니다. 하지만 제가 믿는 것은, 하나님이 저의 구원을 이루어 가시듯이 저의 목사됨도 죽을 때까지 이루어 가시리라는 것입니다.

저는 봅니다. 이 시대의 교회 모습을 마음 아프게 보고 있습니다. 한국 교회와 세계 교회가 무너져 내리고 있는 것이 보였고, 계속해서 보입니다. 어릴 때 경험했던 교회의 영향력과 정결함이 지금은 잘 보이지 않습니다. 왜 그렇게 되었을까? 왜 그렇게 되었을까? 그 답을 찾기 위해 고민하고 고민했습니다.

제가 찾은 답은 목사였습니다. 목사가 바로 서지 못했고, 바로 서지 못한 목사를 교회가 그냥 봐주고 넘어갔습니다. 그래서 이 지경에 이르게 되었다고 생각합니다. 교회는 확실히 세상에서 빛과 소금의 기능을 아주 많이 잃고 말았습니다.

그래서 사람들은 이제 더 이상 교회가 하는 일에 별로 관심을 갖지 않는 것 같습니다. 예수님의 예언대로, 요한계시록의 예언대로, 말세로 갈수록 교회는 세상 사람들의 선택을 받지 못할 것입니다. 심각한 상태의 미약한 교세를 가지게 되리라 예상됩니다. 그러나 성도들이 소수가 된다고 해서 창조주 하나님이 무시당해도 된다는 뜻은 아닙니다. 하나님은 영원 무궁히 찬양받아 마땅한 분이십니다. 그런데 교회가 잘못하면 하나님은 무시당할 수밖에 없습니다. 목사가 엉망이면 하나님은 무시당할 수밖에 없는 것입니다. 교회가 숫자적으로 적어질지라도 세상에 꼭 필요한 빛과 소금의 역할을 할 수 있다면, 하나님은 결코 무시당하지 않을 것입니다.

그렇다면 교회는 어떻게 해야 빛과 소금의 역할을 유지할 수 있을까요?

진짜 목사를 선택하는 일이 첫 번째입니다. 진짜들을 선택하면, 교회는 세상이 꼭 필요로 하는 빛과 소금의 역할을 충실히 하는 데 큰 힘을 얻게 될 것입니다. 혹 세상이 빛을 알아보지 못한다 할지라도 교회는 그 일을 충실히 할 수 있을 것이라 확신합니다.

성도들은 진짜 목사를 구별해 낼 수 있습니다. 진짜 목사의 영성과 인품과 열정은 함부로 흉내낼 수 없기 때문입니다. 문제는 교인들이 먼저 빛의 자녀가 되어야 한다는 것입니다. 그래야 하나님의 참성도가 될 수 있고, 진짜 목사와 가짜 목사를 구별해 낼 수 있습니다.

그래서 저는 지금 이 시점, 우리 교회 속에서 거룩한 분란이 일어나기를 바랍니다. 루터와 칼뱅이 시작했던 거룩한 분란은 종교개혁을 만들어 냈습니다. 우리 시대, 우리 교회들 속에서 다시 종교개혁이 일어나야만 합니다. 독일의 참신앙인들은 루터를 선택하고 구교(舊敎)의 목사들을 버렸습니다. 그들은 정확한 선택을 했습니다.

지금의 성도들도 그들과 같이 할 수 있습니다. 만약 그렇게만 된다면, 목사 세계가 새롭게 재편될 것입니다. 쉽게 예상하시겠지만, 그 과정에서 엄청난 저항이 일어날 것이 분명합니다. 종교개혁 때와 같은 엄청난 저항이 있을 것입니다. 난리가 나겠지요. 하지만 그것은 분명 부흥과 부활의 진통입니다. 성도들은 이것을 무서워하지 말고 끝까지 싸워 이겨야 합니다. 하나님은 늘 그래왔듯이 거룩한 무리들에게 힘을 실어 주실 것입니다. 교회는 반드시 진짜 목사를 선택해야 합니다. 그러면 새롭게 태어날 것이고, 세상에서 거룩한 존재로 여김 받게 될 것입니다.

또 하나의 소망이 있습니다. 이것은 여러분 개인의 문제입니다. 만약 여러분이 진짜 목사를 발견하게 되면, 지체하지 마시고 그가 제시하는 길에 올인하십시오. 그 길이 아무리 좁아도 축복의 길입니다. 그 길에 생명이 있습니다. 그 길은 하나님의 전폭적인 지지가 있는 길입니다. 그 길을 다 걷고 나면 "아, 내가 이 길로 오길 참 잘했다"라고 고백하게 될 것입니다. 여러분 자신을 위해서라도 진짜 목사가 누구인지 잘 살피시고, 그 목사와 함께 삶을 살아가시기를 바랍니다.

친구 목사들에게 부탁합니다.

우리, 정말 하나님이 원하시는 목사가 됩시다. 목사의 직은 인간이 줄 수 있는 것이 아닙니다. 거룩하신 주 하나님만이 주실 수 있는 직입니다. 그것을 정말 안다면 우리가 생명을 걸어야 하지 않겠습니까? 아니, 더한 것이 있다면 그것까지 걸어야 할 것입니다. 도대체 목사의 자리로 뭘 얻기를 바라는 겁니까? 하나님과 함께할 수 있다면 그뿐입니다. 그분과 가장 가까이에 있을 수 있는데 뭘 더 바란다는 말입니까? 정말 참된 목사가 됩시다. 하나님이 찾으시는 완전한 자가 됩시다. 주인의 마음을 정말로 시원하게 해드리는 종이 됩시다. 목숨을 다해 하나님을 사랑하고 성도를 목숨과 같이 사랑합시다. 우리는 이 세상에서 가장 가치 있는 일을 할 수 있습니다. 그리고 가장 가치 있는 사람이 될 것입니다.

목사 후보생들과 앞으로 목사가 되려고 하는 후배 여러분에게 말씀드립니다. 목사는 이 세상에 있는 직업 중 가장 좋은 직업입니다. 이보다 더 좋은 것이 없습니다. 그냥 영광 그 자체입니다. 목사는 매순간 하나님과 함께 살 수 있습니다.

그렇기 때문에 그냥 대충 목사가 되려고 하지 마십시오. 가장 영광스럽고 즐거운 일이기 때문에 하나님의 벌도 가장 크고 가장 가까이 있습니다. 만약 목사의 영광만 생각해 보았지, 목사가 받을 벌에 대해서는 생각해 보지 못했다면 빨리 목사가 될 생각을 접는 것이 좋습니다. 관두는 것이 제일 현명한 길입니다. 자신의 모든 것을 걸 사람들만 이 좋은 길, 영광스러운 길, 기쁨의 길에 들어서기를 바랍니다.

하나님이 이 세상에 목사를 두신 것은 자기 백성을 구원으로 인도하고, 하나님의 살아 계심을 이 땅에 보이시기 위해서입니다. 그러므로 목사는 스스로 자신을 거룩하게 만들어야 합니다. 그래서 하나님의 일을 귀하게 만들어야 합니다. 교회도 참목사를 선택함으로 하나님의 일이 귀하게 되는 것을 도와야 합니다. 그러면 거룩한 선순환이 분명 일어날 것입니다. 진짜 목사가 이 세상에 가득 찰 때, 우리는 다시 한 번 교회의 부흥을 볼 것입니다. 또한 하나님의 나라가 이 세상에서 귀하게 여김 받을 것입니다.

목사를 고르는 법

How to Choose a Good Pastor

지은이 윤한석
펴낸곳 주식회사 홍성사
펴낸이 정애주
국효숙 김기민 김서현 김의연 김준표 김진원 송승호 오민택 오형탁
윤진숙 임승철 임진아 임영주 정성혜 차길환 최선경 허은

2019. 3. 4. 초판 1쇄 인쇄   2019. 3. 13. 초판 1쇄 발행

등록번호 제1-499호 1977. 8. 1.
주소 (04084) 서울시 마포구 양화진4길 3   전화 02) 333-5161   팩스 02) 333-5165
홈페이지 hongsungsa.com   이메일 hsbooks@hsbooks.com   페이스북 facebook.com/hongsungsa
양화진책방 02) 333-5163

ISBN 978-89-365-0358-1 (03230)